아이랑 부모랑 초등 영어

우리 아이 초등 영어 교육이 궁금한 부모님들을 위한 길잡이

이재근 강수경 권민지 김동연 김명순
김주원 서미옥 송지아 신유진 이승관
이주은 장안숙 정은숙 정효준 허진영

교육과학사

머리말

지금 이 책을 펼쳐보고 계실 학부모님,

그리고 초등 영어 교육에 관심을 가지고 계시는 분들께 이 책을 선사합니다.

초등 영어 교육을 바라보며 오랜 기간 함께 걸어온 초등교사, 장학사, 교수들이 모였습니다. 초등 영어 교육에 진심인 본 저자들은 오랫동안 초등 영어 수업 현장에서 아이들을 가르치며 연구해 왔습니다. 여러 차례 초등 영어 검정 교과서 및 지도서 집필에 참여하였지요. 그 과정에서 쌓은 경험과 생각을 공유하고 싶습니다.

어떻게 하면 아이들이 영어를 즐겁게 배울 수 있을까?

어떻게 하면 아이들이 영어에 흥미와 자신감을 가질 수 있을까?

어떻게 하면 아이들이 영어 의사소통 능력을 기를 수 있을까?

늘 머릿속을 맴도는 고민들이지요. 그리고 조금 더 생활과 밀착된 고민들도 있습니다.

초등 영어 교육과정과 교과서는 어떻게 구성되어 있을까?

초등학교에서 영어 수업은 어떻게 진행될까?

가정에서는 어떻게 아이들이 영어에 친숙해지도록 도울 수 있을까?

이러한 고민에 공감하신다면, 이 책을 통해 함께 생각을 나누어 보세요. 이 책이 모든 고민에 대한 정답을 알려드리지는 못합니다.

다만, 초등 영어 교육에 대한 여러 저자들의 실질적 경험을 바탕으로 한 다채로운 시각, 접근법 등을 통해 유익한 아이디어를 얻으실 수 있으리라 믿습니다.

그러면 이제,

초등 영어 교육과 아이들의 영어 배움에 대한 경험과 생각을 공유하는 이 여정에 함께하시겠어요?

2025년 12월 30일

지은이들

차 례

머리말 / 3

제1장 초등 영어에 대해 궁금한 것 BEST 10 ······ 9

가. 초등 영어에 대해 궁금한 것 BEST 10 ······ 11

제2장 영어 교육과정과 교과서의 비밀 ······ 19

가. 학부모라면 초등 영어 교육과정에 대해 어느 정도 알고 있어야 할까? ······ 21

나. 우리 아이가 도착해야 할 골인 지점은 어디쯤에? ······ 31

다. 초등 영어 교과서는 누가 만들까? ······ 39

라. 초등 영어 교과서는 그림책이다? ······ 49

마. 놀이로 가득한 초등 영어 교과서?: 노래와 찬트, 스토리, 게임, 역할놀이 ······ 57

바. 초등 영어 교과서? 전자 저작물? AIDT? 차이가 뭐지?: 각 교재의 중점 및 가정에서 활용 방법 ······ 66

제3장 초등 영어 수업이 궁금해 75

가. 우리 아이 첫 영어 수업, 학부모 안심 가이드 77
나. 초등 영어 수업에서는 어떤 걸 배울까? 86
다. 초등 영어 수업에서는 어떻게 배울까? 96
라. 초등 영어 수업 속 교실 영어? 104
마. 주어, 동사, 목적어가 없는 초등 영어 수업? 112

제4장 우리 아이와 함께 영어를-교과서 활용 123

가. 파닉스가 뭐길래 우리 아이도 파닉스를? 125
나. 영어 단어 공부, 즐겁게 하는 방법이 있다는데? 132
다. 교과서 집필진들이 들려주는 교과서 학습법 1: 3-4학년군 140
라. 교과서 집필진들이 들려주는 교과서 학습법 2: 5-6학년군 146
마. 현직 교사들이 바라보는 교과서와 공교육의 방향은? 155

제5장 우리 아이와 함께 영어를–다양한 자료와 방법 활용 …… 163

가. 우리 아이 영어 실력 Up 노트 사용법 …… 165

나. 우리 아이도 영어로 된 책을 읽을 수 있을까? …… 172

다. 에듀테크와 영어가 만나면? …… 181

라. 가정에서 아이와 함께하는 영어 루틴, 어떻게 만들 수 있을까? …… 189

마. 영어 원어민 발음과 다른 우리 아이 영어 발음? …… 197

바. 좋은 영어 교재를 고르는 기준 …… 203

부록 / 211

참고 문헌 및 사이트 / 217

제 1 장

초등 영어에 대해 궁금한 것 BEST 10

가. 초등 영어에 대해 궁금한 것 BEST 10

Q1 아이 영어 공부를 어디서부터 시작해야 하나요?

초등학교 3학년부터 시작하는 영어 공부는 다음과 같은 단계로 차근차근 시작하면 좋습니다. 중요한 건 재미와 반복입니다. 억지로 하는 영어 공부는 금방 흥미를 잃기 때문에 아이가 재미있게 느낄 수 있는 놀이 방식으로 접근하는 게 핵심이에요.

〈표 1-1〉 영어 학습 단계와 활동 예시

구분	활동 예시
1단계 (듣기)	영어에 노출되기(영어 소리에 익숙해지기) 예) ABC Song, Baby Shark, BIngo 등 영어 동요와 챈트, 간단한 애니메이션, 오디오 스토리 북
	(유튜브 검색어) Super Simple Songs, Dora the Explorer, Storyberries
2단계 (말하기)	기초 단어 익히기(주제별 단어, 표현 익히기) 예) 가족, 색깔, 동물, 음식, 감정, 날씨 등 그림 카드 활용, 부모와의 짧은 영어 대화, 역할극 하기 How are you? - I'm good. What's your name? - My name is ~.
	(플래시 카드 앱) Quizlet, Anki, FunEasyLearn Kids
3단계 (읽기와 쓰기)	기초 읽기와 쓰기 알파벳과 간단한 단어 읽기 → 파닉스 학습 → 짧은 문장 읽기 예) 유튜브: Jack Hartmann, ABC Phonics Songs 책: Let's Go Phonics 시리즈, Phonics Kids 앱: Starfall, ABCmouse, Lingokids
4단계 (통합)	말하기 자신감 키우기(간단한 회화) 일상 표현 따라 말하기, 자기소개 말하기 연습 등 예) 매일 1분 영어 말하기 발표해 보기

매일 10~20분이라도 꾸준히! 영어의 답은 반복입니다. 매일 조금씩 눈과 귀를 영어에 노출시키는 것이 가장 좋은 영어 공부 방법입니다.

Q2 초등 영어에서 파닉스가 얼마나 중요한가요?

[그림 1-1] 파닉스 카드 예시

(출처: ChatGPT 생성 이미지)

파닉스(Phonics)는 초등 영어 교육에서 가장 중요한 기초 중 하나예요. 왜냐하면 영어 단어를 소리 내어 읽을 수 있게 해주는 규칙을 배우는 게 파닉스이니까요. 파닉스를 알게 되면 모르는 단어도 스스로 읽을 수 있게 되고 논리적으로 연결할 수 있어서 쓰기 실력도 같이 향상되기 때문에 영어에 대한 자신감과 흥미를 갖게 됩니다.

예) c + a + t → ㅋ + ㅐ + ㅌ → 캣! cat!

Q3 초등 영어 교과서에는 왜 문자보다 그림이 많나요?

그건 아이들의 언어 발달 수준과 학습 방식에 맞춘 과학적인 이유 때문입니다. 이를 구체적으로 살펴보면,

첫째, 초등학생, 특히 저학년은 추상적인 글보다 직관적인 그림을 훨씬 더 잘 이해하는 시각적 학습자이기 때문이지요.

둘째, 초등 영어는 문법이나 정확한 해석보다 의사소통 중심으로 배우기 때문이지요. 그림 장면으로 문장의 뜻을 추측하고 감각적으로 이해하도록 도와줍니다.

셋째, 문자에 대한 두려움을 줄이기 위해 그림이 함께 있으면 부담감이 줄고 '이건 내가 아는 거야!'라고 느끼며 자신감을 가질 수 있어요.

넷째, 듣기와 말하기 중심 수업을 유도하기 위해서예요. 초등 영어는 '읽고 쓰는 것'보다 '듣고 말하는' 능력을 기르는 게 핵심이기 때문에 그림을 보고 말하게 하려는 의도입니다.

다섯째, 문화 이해와 흥미를 유도하기 위함이에요. 영어는 단지 언어가 아니라 문화도 함께 배우는 과정이므로 다양한 인종과 음식, 장소, 의상 등을 그림으로 보면서 자연스럽게 문화도 익히게 되는 거지요. 이를 표로 정리하면 다음과 같습니다.

〈표 1-2〉 시각 중심 자료 활용의 장점

구분	활용 이유	효과
1	시각 중심 학습	그림이 글보다 이해가 빠름
2	의미 중심 접근	그림이 문장의 뜻을 이해하는 것을 도와줌
3	부담감이 적음	문자의 거부감을 줄여줌
4	말하기를 유도	그림으로 상황을 보고 말하는 연습
5	흥미 + 문화 학습	재미있고 다양한 문화에 자연스레 노출

(출처: Pioli, 2022)

Q4 번역기와 각종 앱이 발달했는데, 영어를 왜 배워야 하나요?

매우 현실적인 질문이지요. 요즘은 번역기, AI, 통역기 앱들이 너무 잘 되어 있어서 '굳이 영어를 배워야 해?'라는 생각, 정말 많이 들 합니다. 그렇지만 생각해 보세요. 계산기가 나왔다고 덧셈, 뺄셈, 곱셈, 나눗셈하는 법을 안 배워도 될까요?

첫째, 번역기는 도구일 뿐 이해력을 대신하진 못합니다. 번역기는 문장을 바꿔주긴 하지만, 문장의 뜻을 진짜 이해하는 건 결국 사람이지요. 관용 표현, 뉘앙스, 유머, 문화적 배경은 기계 번역으로는 어렵습니다.

둘째, 영어는 글로벌 언어로 기회의 문을 여는 열쇠입니다. 전 세계 인터넷 콘텐츠의 약 60% 이상이 영어로 되어 있고 해외 유학, 여행, 일자리, 연구, 유튜브, 게임 등 영어가 되면 접근할 수 있는 정보와 기회가 10배 이상 넓어집니다.

셋째, 깊이 있는 학습은 원어로 해야 가능합니다. 영어를 번역해서 보는 것보다 직접 영어로 읽고 듣는 게 훨씬 더 정확하고 풍부해요.

넷째, 자연스러운 소통은 결국 직접 영어로 소통하는 게 중요하지요. 친구 사귀기, 해외 여행, 화상 회의, 게임 채팅, 국제 행사 등 진짜 소통은 결국 내가 직접 말하고 듣는 것에서 나오니까요.

다섯째, 영어는 평생 가는 스킬이자 무기입니다. 계산기나 번역기, 앱은 보조 수단일 뿐이지만 영어는 한번 제대로 익혀두면 평생 동안 쓰이는 생산성 있는 기술입니다.

Q5 초등학교에서 영어는 왜 3학년부터 시작하나요?

초등학교 1-2학년은 기초 학습 능력(한글, 수 개념 등)을 익히는 언어 발달의 기초 시기예요. 이 시기엔 아직 추상적인 개념이나 외국어 규칙을 이해하기 어렵지만 3학년부터는 아이의 집중력과 이해력이 좋아지고, 모국어 체계가 안정되기 시작해서 제2언어 학습에 적당한 수준에 도달합니다. 즉 3학년은 영어라는 새로운 언어를 받아들일 수 있는 인지력, 언어력, 집중력, 사회성 등 모든 조건이 잘 맞는 시기입니다.

Q6 부모가 영어 실력이 부족해도 아이를 지도할 수 있을까요?

물론입니다. 우리가 통상 영어 실력이라고 하면 실제 영어 의사소통 역량을 떠올리게 되는데 부모님께서 이 부분이 부족하다 느끼셔도 자녀의 영어 학습을 지원하는 다양한 콘텐츠들을 쉽게 접할 수 있습니다. 교과서 속 표현 등은 간단한 인증 절차를 통해 다운로드 받을 수 있고 각종 영어 학습 동영상 콘텐츠, 애플리케이션 등 '마음만 먹으면' 영어 학습을 지원하는 방법은 많습니다. 문제는 이 마음을 제대로 잘 먹는 겁니다. 사실 자녀들은 부모님께서 영어를 대하는 흥미, 자신감, 태도에서 더 많은 영향을 받을 수 있습니다. 자녀 스스로 영어에 대한 관심과 동기를 가지고 학습할 수 있도록 격려하고 자녀가 규칙적으로 영어와 접할 수 있는 방법을 함께 찾아보는 것부터 시작해 보시는 건 어떨까요?

Q7 초등학교 영어 수업은 어떻게 이루어지나요?

초등학교에서는 학생들이 자신감을 가지고 영어 표현을 이해하고 표현하는 의사소통 중심의 수업을 운영합니다. 처음 배우는 외국어에 어려움과 불안감을 느끼지 않도록 이해 가능한 음성 및 시각 자료를 충분히 제공하고 친구들과의 협력 등을 통해 함께 적극적으로 참여할 수 있도록 지도하고 있습니다. 영어 게임, 노래, 역할극, 프로젝트 등 활동들을 통해 기계적인 듣고 말하기가 아니라 의미 중심의 활동을 하도록 수업을 설계합니다. 또한 에듀테크의 발달에 따라 학생의 상황을 고려하여 AI 말하기 앱이나 번역기 등 적절한 매체를 활용하면서 흥미로운 학습 경험을 제공해 줍니다.

Q8 아이가 영어를 자기 주도적으로 공부하려면 어떻게 도와주어야 하나요?

자기 주도적이라는 말은 참 이상적이면서도 쉽지 않은 말이지요? 학생이 주도성을 가지고 인내하며 행동하고 실천했을 때 느끼는 성취감을 경험해 주게 하는 것이 무엇보다 중요합니다. 처음부터 거창하게 잡지 마시고 하루에 단어 1개씩 일주일에 7개 단어 외우기, 하루 1분 영어 방송을 들으며 규칙적으로 듣기 환경 만들어 보기 등 작은 단위로 반복적으로 실천할 수 있는 거리들을 만들어 주세요. 단, 먼저 제시하지 마시고 예를 들어 준 후 자녀에게 '선택'하게 하는 것이 필수입니다! 아이들의 주도성은 스스로 선택하고 책임지면서 이루어낼 때 더욱 커지니까요.

Q9 영어 공부에 흥미가 없는 아이는 어떻게 지도해야 하나요?

영어를 공부한다는 생각보다 아이의 관심사를 반영한 영어를 통해 재미를 느끼게 하는 게 중요합니다. 게임을 좋아한다면 다양한 영어 게임 용어를, 스포츠 광인 아이에게는 유명 선수들의 영어 인터뷰를, 노래를 즐겨 듣는다면 팝송을, 영화 보기가 취미인 친구에겐 영미권 영화 등을 활용해 영어가 사용된 그 맥락 속에서 즐거움을 찾도록 실마리를 찾아 주세요. 그리고 처음에는 듣기부터 부담 없이 시작하는 것이 좋고요. 가장 중요한 것 하나 더! 부모님도 영어를 즐기는 모습을 자주 보여주세요.

Q10 초등학교에서 영어 평가는 어떻게 하나요?

먼저 영어 학습 내용을 잘 배우고 있는지 확인하기 위한 다양한 유형의 수행 평가가 진행됩니다. 영어 듣기 평가, 주요 단어나 어구, 문장 쓰기 등의 지필형 평가를 보기도 하고 배운 표현을 활용하여 짝과 말하기, 역할극 하기, 협력하여 발표하기 등 수행형 과제를 통해 실제 듣고 말하는 역량을 점검하기도 합니다. 주로 사전에 교육과정에서 제시한 성취 기준에 의거하여 설정한 평가 기준에 따라 교사 주도로 실시하지만, 자기 스스로 점검하는 평가, 동료 간 평가 등의 방법도 다양하게 사용하고 있습니다. 학생들이 이러한 평가를 통해 자신의 영어 학습 과정과 성과를 성찰하고 다음의 학습 계획을 수립할 수 있도록 지원합니다.

제 2 장

영어 교육과정과 교과서의 비밀

가. 학부모라면 초등 영어 교육과정에 대해 어느 정도 알고 있어야 할까?

들어가기

'교육과정' 하면 어떤 생각이 떠오르시나요? 현장에서 학부모님과 이야기를 나누다 보면 "어렵다", "딱딱하다", "무슨 말인지 잘 모르겠다", "크게 관심을 두지 않는다"는 등의 말씀들을 많이 하십니다. 학부모님들의 이런 반응이 어느 정도 이해되기도 합니다. 그렇다면 이러한 교육과정을 학부모로서 꼭 알아야 하는 것일까요? 결론부터 말씀드리면 교육과정의 모든 내용을 알아야 할 필요는 없습니다. 하지만 현재 내 아이가 학교에서 배우는 교육 내용이 이러한 교육과정을 바탕으로 이루어지고 있다는 것 정도는 알고 계시면 학교와 아이의 학습 내용 및 과정을 이해하시는 데에 큰 도움이 되시리라 생각됩니다. 학부모로서 필수적으로 알아야 할 내용을 중심으로 교육과정을 간단히 짚어보겠습니다.

교육과정은 왜 계속 개정되는 걸까요?

교육과정이란 '사회와 문화가 어떤 지식을 가치 있다고 여기는지에 대한 사회적 합의의 산물(Ivor F. Goodson, 1990)'이라고 할 수 있습니다. 즉, 교육과정은 시대, 사회, 학생들의 변화에 맞춰 '무엇을 어떻게 가르칠지'를 결정하는 국가 차원의 약속이지요. 그러니 교육과정 '개정'은 학생들이 미래 사회에서 잘 살아가도록 돕기 위해 사회의 변화를 반영하는 '업데이트'라고 이해하면 쉽습니다. 개정의 이유를 구체적으로 살펴볼게요.

교육과정이 개정되는 첫 번째 이유는 시대의 변화에 따라 학생들이 배워야 할 내용이 달라지기 때문입니다. 사회와 기술, 문화가 빠르게 변화하면서 학교 교육이 다루어야 할 지식과 역량의 범위도 함께 확장되고 있지요. 예를 들어, 과거에는 기초 문해력과 산술 능력이 학습의 중심이었다면, 오늘날에는 스마트폰, 인공지능, 디지털 기술이 생활 전반에 깊숙이 스며들면서 디지털 리터러시, 미디어 해석력, 인공지능 이해 능력과 같은 새로운 학습 요소들이 강조되고 있습니다. 이러한 변화는 단순히 학습 내용의 추가를 의미하는 것이 아니라, 학생들이 복잡하고 예측하기 어려운 미래 사회에서 스스로 문제를 인식하고 해결할 수 있는 역량을 기르도록 교육의 방향을 재조정해야 함을 뜻합니다.

두 번째 이유는 학생들이 살아가야 할 미래 사회가 요구하는 인재의 역량이 달라지고 있기 때문입니다. 우리가 학생이던 시절의 '공부'는 주로 지식을 암기하고 전달받는 것에 초점이 맞추어져 있었지요. 그러나 오늘날 학교 교육은 단순히 많은 지식을 외우게 하는 것을 넘어, 스스로 사고하고, 탐구하며, 자신의 생각을 표현하는 힘을 기르는 방향으로 변화하고 있습니다. 이는 미래 사회가 더 이상 '정답을 아는 사람'보다, 새로운 문제를 발견하고 해결할 수 있는 창의적 사고력과 협업 능력, 자기 주도적 학습력을 갖춘 사람을 필요로 하기 때문입니다. 따라서 교육의 초점도 자연스럽게 암기 중심에서 역량 중심으로 이동하고 있습니다.

교육과정 개정의 또 다른 중요한 이유는 학교와 학습자의 다양성을 반영하기 위함입니다. 학교는 지리적・사회적・행정적 환경에 따라 서로 다른 교육적 강점과 여건을 지니며, 교사와 학생 또한 각자의 배경과 흥미, 학습 방식에서 뚜렷한 차이를 보입니다. 이러한 다양성을 수용하기 위해 최근의 교육과정은 획일적 운영에서 벗어나, 학교와 학생의 특성을 고려한 맞춤형 교육과정 구성을 지향하고 있습니다. 이에 따라 학교는 지역 사회와 교육 주체의 요구를 바탕으로 교육과정을 재구성하거나 자율적으로 운영할 수 있는 범위를 확대하고 있으며, 이는 교육과정의 유연성과 현장 적합성을 강화하려는 시대적 흐름을 반영한 것입니다.

위와 같은 이유로 교육과정은 대략 5~10년을 주기로 한 번씩 개정이 되고 있습니다. 현재 현장에 적용되고 있는 교육과정은 '2022 개정 교육과정'으로 2024년부터 초등학교 1-2학년을 시작으로 매년 순차적으로 적용하여 2027년에는 초・중・고 모든 학년에서 2022 개정 교육과정을 운영하게 됩니다.

2022 개정 초등 영어 교육과정의 핵심은 무엇일까요?

이번 개정 교육과정은 디지털 전환에 따른 사회적 변화, 기후변화 및 환경 재난 등 급변하는 사회 환경에 대응해 자기 주도성, 창의력, 포용성을 갖춘 인재 양성을 목표로 설계되었습니다. 이에 영어과의 궁극적인 목표는 다변하는 미래 사회를 대비하여 언어와 문화의 배경이 다른 세계인과 영어로 소통하는 능력을 기르는 것입니다(교육부, 2022). 즉 학생의 삶과 연계된 '영어 의사소통 역량'을 함양하는 것이지요. 영어 의사소통 역량이란 영어로 제시된 다양한 정보를 이해하고 활용하며, 문화적 산물을 향유하고, 자신의 생각을 창의적으로 표현하며, 영어 사용 공동체 내에서 협력적으로 상호 작용할 수 있는 능력을 의미합니다.

1) 영어과 교육과정에서 강조하는 핵심 역량 6가지

영어 의사소통 역량은 2022 개정 교육과정의 총론에서 제시하고 있는 여섯 가지 핵심 역량을 영어 학습자의 역량에 중심을 두어 개념을 확장하고 체계화한 것입니다. 영어과 교육과정에서 제시하는 각각의 핵심 역량은 다음과 같습니다.

〈표 2-1〉 2022 개정 영어과 교육과정의 핵심 역량

협력적 소통 역량	일상생활 및 다양한 주제에 대하여 협력적 태도로 자신의 참여 목적과 상황에 맞게 영어로 의사소통하는 역량
자기관리 역량	영어에 대한 흥미와 관심을 바탕으로 스스로 영어 사용의 필요성을 파악하여 학습 목표를 세우고, 다양한 학습 전략을 사용하여 자기 주도적으로 영어 학습을 지속하는 역량
공동체 역량	지역・국가・세계 공동체의 구성원으로서 문화 정체성과 언어 및 문화적 다양성에 대한 이해를 바탕으로 공감, 배려와 관용 및 포용 능력을 갖추고 영어를 통해 공동체의 문제 해결에 적극적으로 참여하는 역량
창의적 사고 역량	영어로 전달되는 다양한 분야의 지식, 기술, 경험 등을 융합적으로 활용하고 비판적으로 사고하여 자신의 생각을 창의적으로 표현하는 역량

심미적 감성 역량	영어로 표현된 다양한 자료와 작품 등을 통해 인간에 대한 공감적 이해와 심미적 감수성을 기르고 이를 바탕으로 삶의 의미와 가치를 발견하고 향유하는 역량
지식정보 처리 역량	영어로 표현된 다양한 매체의 디지털 지식 정보를 자신의 목적에 맞게 검색, 수집, 이해, 분석, 평가 및 활용하는 역량

(출처: 교육부, 2022, p. 6)

이를 통해 단순 언어 기능을 넘어, 의사소통 중심의 융합적 사고력을 함양하는 것이 이번 개정의 핵심이라 할 수 있습니다.

2) '이해(reception)'와 '표현(production)' 중심의 영역 재구성

지금까지 영어는 듣기, 말하기, 읽기, 쓰기의 네 가지 언어 기능으로 구성되어 있었습니다. 그러나 2022 개정 영어과 교육과정에서는 이를 '이해(reception)'와 '표현(production)'의 두 축으로 재구조화했습니다.

이해 영역을 통해 학생들은 담화와 글뿐만 아니라 이미지, 동영상 등이 다양하게 결합된 방식으로 제공되는 영어 지식 정보를 처리하고 사용하는 능력을 기릅니다. 영어를 접하는 주요 수단이 기존의 듣기·읽기에서 시청각 이미지가 결합된 보기(viewing)로 확대되었습니다. 보기(viewing)는 단순히 글자나 음성으로 된 정보뿐 아니라, 영상, 이미지, 인포그래픽, 애니메이션, 표정·몸짓 등 시각적·비언어적 정보까지 이해하는 능력을 말합니다. 아이들이 영어를 접하는 주요 경로가 유튜브, 영상 콘텐츠, 디지털 학습 자료로 확대되면서, 듣기 · 읽기만으로는 부족해졌기 때문에 도입된 개념이지요.

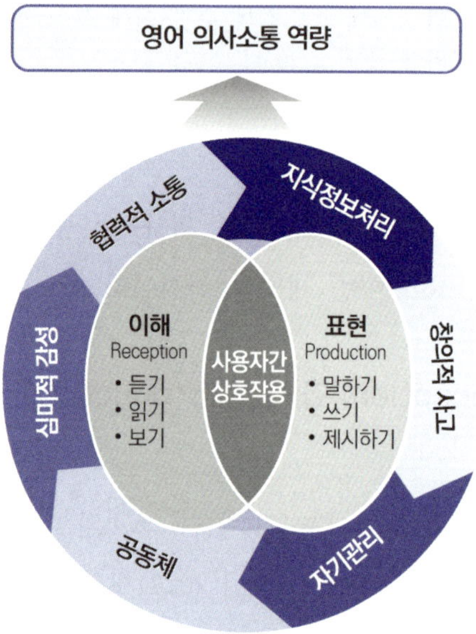

[그림 2-1] 영어과 역량 및 영역 구성

(출처: 교육부, 2022, p. 4)

표현 영역은 영어로 자신의 생각을 말하거나 쓰는 능력뿐 아니라, 대화, 토론, 문자 교환 등 상호 작용적 소통 능력을 포함합니다. 기존의 말하기 · 쓰기에 제시하기(presenting)가 추가되었습니다. 제시하기(presenting)는 자신의 생각을 말하기나 쓰기뿐 아니라 이미지, 영상, 디지털 도구를 활용해 시각적으로 표현하는 능력이에요. 미래 사회에서는 발표나 공유 방식이 멀티미디어 중심으로 바뀌기 때문에, 아이들이 자연스럽게 디지털 자료 제작 · 활용 능력을 키울 수 있도록 반영한 것이라 이해하면 쉽습니다.

이렇게 다양한 매체(영상, 그림, 디지털 콘텐츠 등)에 기반한 소통 방식의 변화를 반영하여 재구성한 영어과 영역은, 이해 영역과 표현 영역이 각각 독자적인 영역으로 기능하는 한편, 두 영역의 결합된 형태로 영어 사용자 간 상호 작용도 가능하게 합니다. 상호 작용은 대화, 토론, 문자 교환 등 참여자 간의 다양한 소통 방식으로 이루어질 수 있지요.

3) 교수・학습 방식의 변화: 디지털 및 맞춤형 학습 중심

2022 개정 교육과정의 또 다른 핵심은 디지털 리터러시 강화와 에듀테크 활용의 확대입니다. 자동 번역, AI 챗봇, 멀티미디어 저작 도구 등 다양한 디지털 학습 자원이 수업에 적극 도입될 수 있도록 권장하고 있습니다. 이에 따라 교사가 학습자의 수준과 흥미를 고려한 맞춤형 수업을 설계하고, 문제 해결형 프로젝트 및 융합 학습 활동, AI 기반 평가와 피드백 등을 통해 학생의 자기주도적 학습력과 협력적 소통 역량을 지원할 수 있도록 방향이 제시되었습니다. 또한 다른 교과와의 연계를 강화하여 영어 학습이 실생활 맥락과 유기적으로 연결되도록 설계된 것도 이번 개정의 특징이라 할 수 있습니다.

개정된 교육과정이 우리 아이한테 어떤 영향을 줄까요?

많은 학부모님들이 걱정하고 궁금해하는 부분이지요. 2022 개정 교육과정이 우리 아이의 학교생활 및 교육 활동에 어떤 영향을 주게 되는지 하나씩 짚어보겠습니다.

1) 아이가 배우는 내용과 방식이 바뀌어요

예전에 비해 단순 암기식 지식 전달은 줄고, 스스로 탐구하고, 말하고, 만들고, 발표하는 방식의 수업이 많아져요. 즉, 아이가 더 '능동적'으로 수업에 참여해야 해요.

2) 평가 방식이 다양해지고, 경쟁보다는 성장에 초점이 맞추어져요

단답형 시험보다는 프로젝트, 발표, 포트폴리오 등 다양한 방식의 평가가 늘어나요. 잘하고 못하고를 따지는 평가보다, 아이가 얼마나 성장하고 노력했는지를 보는 방향으로 나아가고 있어요.

"과제를 수행해 나가는 과정에서 새롭게 알게 된 것이 있다면 무엇이니?"

단순히 맞고 틀림보다는 그러한 답이 도출된 과정을 살펴보려는 노력이 점차 더 중요하게 여겨집니다.

3) 디지털 기기와 새로운 기술의 활용이 늘어나요

아이들이 수업 시간에 태블릿, 교육 앱, 영상 자료 등을 자주 접하게 돼요. 이는 아이의 디지털 역량(정보 찾기, 자료 제작, 온라인 소통 능력 등)을 기르는 데 도움이 되지요. 하지만 너무 많은 화면 노출, 디지털 격차, 사용법에 익숙하지 않은 아이들의 스트레스 등은 조율해 나가야 하는 과제입니다.

4) 아이가 '정답보다 과정'을 더 중요하게 배우게 돼요

요즘 교육은 '어떤 정답을 아느냐'보다 '왜 그렇게 생각했는지, 어떻게 해결했는지'에 더 초점을 둬요. 그래서 아이는 스스로 생각하고 말하는 훈련을 하게 돼요.

"어떻게 답을 찾았는지 설명해 볼까?"

부모님도 아이에게 결과보다 과정을 물어보는 습관을 들여주면 더 큰 도움이 되겠지요.

5) 가정의 역할이 더 중요해져요

다양한 학습 방식(프로젝트, 디지털 도구 활용을 통한 발표 준비 등)은 아이 혼자 준비하기 어려운 경우도 있어요. 아이의 흥미, 장점, 속도에 맞는 개별화된 학습을 돕기 위해서는 가정의 관심과 지원이 중요해요.

"학교에서 무슨 발표 준비해?"
"영상 만들기 어렵진 않았어?"
"같이 자료를 찾아보자!"

이런 대화와 관심이 아이에게 큰 힘이 되겠지요.

나가기

교육과정은 시대, 사회, 학생들의 변화에 맞춰 '무엇을 어떻게 가르칠지'를 새롭게 조정하는 국가 차원의 약속으로, 시대의 흐름 및 다양한 요구에 따라 대략 5~10년에 한 번씩 개정이 되고 있습니다. 현재 적용 중인 2022 개정 영어과 교육과정은 영어 의사소통 역량을 중심으로 단순한 언어 지식 습득을 넘어 실생활 맥락 속에서 영어를 이해하고 표현하며 상호 작용할 수 있는 능력을 기르는 것을 목표로 삼고 있습니다. 교육과정의 변화에 발맞추어 가정에서도 내 아이의 성장과 학습 과정에 관심을 가지고 2022 개정 교육과정을 살펴보신다면 아이의 영어 의사소통 능력 신장에 큰 도움이 될 것입니다.

나. 우리 아이가 도착해야 할 골인 지점은 어디쯤에?

들어가기

"우리 아이 영어 공부, 지금 잘 하고 있는 걸까?" 많은 부모님들이 하시는 질문이에요.

영어 학습은 단숨에 결승선을 통과하는 달리기가 아니라, 차근차근 발걸음을 옮기며 목표 지점에 다가가는 여정이에요. 그렇다면 초등 과정을 마칠 즈음, 우리 아이는 어떤 모습으로 그 목표에 도착해 있으면 좋을까요?

초등 영어과 교육과정의 목표는 무엇인가요?

앞서 제시된 [그림 2-1] 영어과 역량 및 영역 구성에서 볼 수 있듯이, 영어과 교육과정은 기능별 성취를 따로따로 익히는 방식이 아니라 '이해'와 '표현'을 큰 축으로 삼고, 두 영역이 서로 연결되어 통합적 상호 작용 활동으로 확장되도록 설계되어 있습니다. 다시 말해, 아이들이 단순히 듣기 · 읽기 · 말하기 · 쓰기를 각각 따로 배우는 것이 아니라, 실제 상황 속에서 의미 있게 주고받으며 영어를 사용할 수 있도록 돕는 것이지요.

초등 영어과 교육과정의 궁극적인 목표는 다변화하는 미래 사회에 대비해 언어와 문화적 배경이 다른 세계인과 영어로 소통할 수 있는 힘을 기르는 데 있습니다.

이 과정에서 중요한 이정표가 바로 성취 기준입니다. 성취 기준은 수업에서 어떤 활동을 하고, 평가에서는 무엇을 확인하며, 결국 아이가 어떤 모습으로 '골인 지점'에 도착해야 하는지를 보여주는 기준이에요. 즉, 교사가 무엇을 가르치고 평가해야 하는지, 학생이 무엇을 배우고 성취해야 하는지를 알려주는 구체적인 길잡이인 셈입니다. 따라서 성취 기준을 이해하는 것은 부모님에게도 매우 중요한데, 이를 통해 아이가 지금 어느 단계에 서 있는지, 앞으로 어떤 발걸음을 옮겨야 할지를 함께 가늠할 수 있기 때문입니다.

성취 기준에 대해 자세히 알아볼까요?

국가 교육과정에 진술된 성취 기준은 학생들이 교과를 통해 배워야 할 내용과 이를 통해 수업 후 할 수 있거나 할 수 있기를 기대하는 능력을 결합하여 나타낸 수업 활동의 기준을 의미합니다.

성취 기준은 교수·학습 및 평가의 실질적인 근거로 교사가 무엇을 가르치고 평가해야 하는지, 학생이 무엇을 학습하고 성취해야 하는지에 대한 실질적인 지침입니다.

초등 영어과 교육과정에는 총 40개의 성취 기준이 제시되어 있으며, 3~4학년군과 5~6학년군으로 나누어 구성되어 있습니다. 이 성취 기준은 크게 '이해 영역' 20개와 '표현 영역' 20개로 구분되는데, 이를 통해 듣기·읽기·말하기·쓰기가 따로 떨어져 있지 않고 실제 의사소통 활동 속에서 서로 연결되도록 설계된 것이 특징입니다.

아마 학기 초에 가정으로 배부되는 평가 계획에서 다음과 같은 성취 기준을 보신 적 있을 겁니다. 이제 실제 성취 기준 문장을 예로 들어 조금 더 자세히 살펴보겠습니다.

> [6영01-08] 다양한 매체로 표현된 담화나 글을 흥미와 자신감을 가지고 듣거나 읽는다.

문장 앞 숫자와 기호 [6영01-08]에서 6은 학년군을 의미하며, 01은 이해 영역, 08은 성취 기준 순서를 의미합니다.

성취 기준 문장에서 '다양한 매체로 표현된 담화나 글'은 지식·이해, '흥미와 자신감을 가지고'는 가치·태도, '듣거나 읽는다'는 과정·기능을 나타냅니다.

듣기·읽기 어디까지 해야 하나요?

초등 영어 듣기·읽기에서 중요한 목표는 '완벽한 이해'가 아니라 핵심 의미를 파악하는 힘을 기르는 것이에요. 아이가 문맥 속에서 전체적인 흐름을 잡고, 필요한 정보를 스스로 찾아낼 수 있다면 충분하지요.

교육과정에 제시된 5-6학년군 이해 영역 성취 기준은 다음과 같습니다.

〈표 2-2〉 5-6학년군 이해 영역 성취 기준

[6영01-01]	간단한 단어, 어구, 문장을 듣고 강세, 리듬, 억양을 식별한다.
[6영01-02]	간단한 단어, 어구, 문장을 강세, 리듬, 억양에 맞게 소리 내어 읽는다.
[6영01-03]	간단한 단어, 어구, 문장의 의미를 이해한다.
[6영01-04]	일상생활 주제에 관한 담화나 글의 세부 정보를 파악한다.
[6영01-05]	일상생활 주제에 관한 담화나 글의 중심 내용을 파악한다.
[6영01-06]	일상생활 주제에 관한 담화나 글에서 일이나 사건의 순서를 파악한다.
[6영01-07]	적절한 전략을 활용하여 일상생활 주제에 관한 담화나 글을 듣거나 읽는다.
[6영01-08]	다양한 매체로 표현된 담화나 글을 흥미와 자신감을 가지고 듣거나 읽는다.
[6영01-09]	시, 노래, 이야기를 공감하며 듣거나 읽는다.
[6영01-10]	일상생활 주제나 문화에 관한 담화나 글을 포용의 태도로 듣거나 읽는다.

(출처: 교육부, 2022, p. 15)

- **듣기**: 일상적인 주제(자기소개, 가족, 학교생활 등)에서 짧고 쉬운 문장을 듣고, 필요한 정보를 알아차릴 수 있으면 충분합니다. 즉, 모든 단어를 완벽하게 알아듣는 것보다, 대화 속에서 '무엇을 말하고 싶은지'를 놓치지 않는 것이 더 중요해요.
- **읽기**: 간단한 문장을 소리 내어 읽고 일상 주제에 관한 짧은 글(자기소개, 게시물 등)을 보고, 문장과 문맥을 통해 중심 내용과 세부 내용을 파악하는 힘을 기르는 것이 목표입니다. 글을 읽을 때 '전체 맥락을 이해하는 능력'을 길러주는 것이 핵심이에요.

말하기 · 쓰기는 어느 정도면 될까요?

아이들이 말하기와 쓰기를 할 때 '틀리지 않고 정확하게 하는 것'을 강조하는 경우가 많지만, 초등학교에서는 자신 있게 표현해 보는 경험이 훨씬 더 중요합니다.

교육과정에 제시된 5-6학년군 표현 영역 성취 기준은 다음과 같습니다.

〈표 2-3〉 5-6학년군 표현 영역 성취 기준

[6영02-01]	간단한 단어, 어구, 문장을 강세, 리듬, 억양에 맞게 말한다.
[6영02-02]	실물, 그림, 동작 등을 보고 간단한 단어, 어구, 문장으로 말하거나 쓴다.
[6영02-03]	알파벳 대소문자와 문장 부호를 문장에서 바르게 사용한다.
[6영02-04]	주변 사람이나 사물을 간단한 문장으로 소개하거나 묘사한다.
[6영02-05]	주변 장소나 위치, 행동 순서나 방법을 간단한 문장으로 설명한다.
[6영02-06]	자신의 감정이나 의견, 경험이나 계획을 간단한 문장으로 표현한다.
[6영02-07]	일상생활 주제에 관한 담화나 글의 세부 정보를 간단한 문장으로 묻거나 답한다.
[6영02-08]	예시문을 참고하여 목적에 맞는 간단한 글을 쓴다.
[6영02-09]	적절한 매체와 전략을 활용하여 창의적으로 의미를 생성하고 표현한다.
[6영02-10]	의사소통 활동에 흥미와 자신감을 가지고 참여하여 협력적으로 수행한다.

(출처: 교육부, 2022, p. 17)

- **말하기:** "What does she look like?", "She has long curly hair. She's wearing a blue shirt."처럼 짧고 간단한 표현을 활용해 상대와 소통할 수 있는 수준이 목표입니다. 억양이나 발음이 조금 다르더라도 의미가 잘 전달되면 성공이에요.
- **쓰기:** 영어 일기, 짧은 메모, 그림 설명처럼 간단한 문장 5~6개 정도를 스스로 쓸 수 있는 수준이면 충분합니다. 철자 오류는 자연스러운 성장 과정이므로, 내용 전달이 우선이지요.

기능별 성취와 통합 학습은 어떻게 이어지나요?

요즘 현장에서는 듣기, 말하기, 읽기, 쓰기의 네 가지 기능별 성취뿐만 아니라 이들을 유기적으로 연계한 활동을 강조하여 수업을 운영하고 있습니다.

예를 들어, 직업에 대한 짧은 오디오나 영상을 듣고 세부 내용을 묻고 답하기 → 직업 관련 짧은 글을 읽고 핵심을 간단히 정리하기 → 나의 장래 희망 포스터 작성하기 → 친구와 장래 희망 인터뷰하기와 같은 활동을 통해 네 가지 기능이 자연스럽게 통합됩니다.

이처럼 듣기-읽기-쓰기-말하기 활동이 하나의 흐름으로 이어지면, 아이들은 영어를 단순히 '기능별로 나눠 배우는 지식'이 아니라, 실제 상황에서 자연스럽게 사용하는 의사소통 도구로 인식하게 됩니다.

교실 속 실제 사례

처음 초등학교 3학년 아이들에게 "Introduce yourself."라고 하면 대부분 한두 단어만 말합니다.

"What's your name?" → "Suji.",

"What's your hobby?" → "Soccer." 이렇게 단답형으로 대답하지요.

하지만 한 학기가 지나면, 아이들은 짧은 문장을 이어갑니다.

"Hello, my name is Suji. I like soccer and drawing."

5학년쯤 되면, "What did you do on the weekend?" 같은 질문에도 "I went to the park with my family. We played badminton."처럼 두세 문장으로 자신의 경험을 설명할 수 있습니다.

이런 변화가 바로 성취 기준에서 말하는 '골인 지점'이에요.

한두 단어 → 짧은 문장 → 간단한 대화와 글쓰기로 이어지는 성장 과정을 부모님이 함께 지켜봐 주시면 좋습니다.

부모가 체크해야 할 '골인 지점'은 어디일까요?

부모님이 기억해 두시면 좋은 지점은 다음과 같습니다.

- **듣기 · 읽기:** 짧은 대화나 글에서 핵심 내용과 세부 정보를 파악하고 그림이나 사진 등 시각 자료를 활용해 내용을 예측 · 확인할 수 있다.
- **말하기 · 쓰기:** 일상생활과 관련된 주제에 대해 자신의 경험 · 생각 · 감정을 두세 문장으로 이어 말하거나 간단한 글로 표현할 수 있다.

교육과정 성취 기준표와 아이들의 모습을 함께 살펴보면, 우리 아이가 지금 어느 단계쯤 와 있는지 가볍게 점검할 수 있습니다.

나가기

결승선은 멀리 있지 않습니다.

아이들이 초등 과정을 마쳤을 때 영어로 간단한 대화를 나누고, 글이나 영상 같은 영어 자료에서 핵심 내용을 이해하며, 일상생활과 관련된 짧은 글(3-4문장 이상)을 스스로 쓸 수 있다면 이미 훌륭한 성취를 이룬 것입니다.

부모님의 따뜻한 격려와 관심이 아이의 발걸음을 더욱 가볍고 힘차게 만들어 줄 것입니다.

TIP

집에서 체크해 보세요!

- 아이에게 짧은 그림책을 읽어주고 "이 책은 무슨 내용이었어?"라고 물어 보세요.
- 하루 일과 중 재미있었던 일을 영어로 두세 문장 정도 말해보게 하세요.
- 좋아하는 음식이나 장소를 그림과 함께 짧은 글로 써 보게 하세요.

이런 작은 실천이 쌓이면, 아이의 '골인 지점'이 한층 더 분명해집니다.

다. 초등 영어 교과서는 누가 만들까?

들어가기

대학수학능력시험(이하 수능)이 대학 입시에 결정적인 역할을 하던 시기에 수능 만점자 학생들이 자주 했던 인터뷰 내용은 학교 교과서로만 공부했다는 것이었습니다. 그만큼 학교 교과서가 중요하다는 뜻일 텐데요. 실제로 학교에서 사용되는 교과서는 각 분야의 전문가들이 심사숙고하여 집필한 책이기 때문에 완성도가 매우 높은 편입니다. 이 장에서는 초등 영어 교과서가 집필되는 과정과 그 속에 담긴 보이지 않는 노력들을 함께 살펴보겠습니다.

국정, 검정, 인정 교과서의 차이를 아시나요?

초등 영어 교과서를 살펴보기에 앞서 교과서 종류에 대해 알아보겠습니다. 우리나라 학교에서 사용되는 교과서는 국정, 검정, 인정 이렇게 3가지 종류로 나눌 수 있습니다.

국정 교과서는 정부(교육부)가 직접 제작하고 발행하는 교과서입니다. 즉, 교육부에서 집필진을 꾸려서 내용을 작성하고 별도의 심사과정 없이 학교에 배부되는 것이 국정 교과서입니다. 국정 교과서에는 학자에 따라 관점의 차이가 발생하지 않는, 대한민국 학생이라면 필수적으로 알아야 하는 내용이 담겨 있으며, 초등학교에서는 국어, 도덕, 1-2학년 통합교과 등이 국정 교과서에 해당됩니다.

검정 교과서는 민간 출판사에서 교과서를 집필하고, 정부(한국교육과정평가원)에서 이를 심사, 승인하는 교과서입니다. 국정 교과서와 검정 교과서의 가장 큰 차이는 심사 여부입니다. 앞서 언급한 것처럼 국정 교과서는 심사 과정이 없기 때문에 전문가 검토 등의 과정을 통해 수정·보완 작업을 거친 후 학교 현장에 바로 배부됩니다. 이에 반해 검정 교과서는 심사 과정이 있기 때문에 민간 출판사에서 제작한 모든 교과서가 학교 현장에 활용된다는 보장이 없습니다. 그러므로 민간 출판사 간 보이지 않는 경쟁이 치열하다고 할 수 있습니다.

〈표 2-4〉 2022 개정 교육과정에 따른 초등 영어 교과서 검정 기준

심사 영역	심사 항목	영역별 배점
Ⅰ. 교육 과정의 준수	1. 교육과정에 제시된 '성격'과 '목표'를 충실히 반영하였는가?	20
	2. 교육과정에 제시된 '내용 체계'와 '성취 기준'을 충실히 반영하였는가?	
	3. 교육과정에 제시된 '교수·학습'을 충실히 반영하였는가?	
	4. 교육과정에 제시된 '평가'를 충실히 반영하였는가?	
Ⅱ. 내용의 선정 및 조직	5. 내용의 수준과 범위 및 학습량은 해당 학년군의 특성에 적절하고, 불필요한 중복이나 비약이 없도록 내용을 구성하였는가?	30
	6. 교육과정 [별표 3]에서 제시하고 있는 학년군 학습 어휘 수를 충실히 고려하였으며, 단원별로 균형 있게 어휘를 배분하였는가?	
	7. 의사소통 기능과 언어 형식은 단원 내 및 단원 간 연계성을 고려하여 체계적인 반복 학습이 이루어지도록 구성하였는가?	

심사 영역	심사 항목	영역별 배점
	8. 실생활 맥락과 연계되고 학생의 학습 동기와 흥미를 유발할 수 있는 내용을 선정하였는가?	
	9. 내용의 전개 및 구성이 학습에 효과적이며, 학생의 자기주도적 학습을 촉진하도록 구성하였는가?	
Ⅲ. 내용의 정확성 및 공정성	10. 영어 어휘, 표현, 언어 형식은 오류가 없고 정확한가?	25
	11. 영어 사용은 자연스러우며 어색한 표현이 없는가?	
	12. 사실, 개념, 용어, 이론 등은 객관적이고 정확하며, 평가 문항의 질문과 답에 오류가 없는가?	
	13. 사진, 삽화, 통계, 도표 및 각종 자료 등은 공신력 있는 최근의 것으로서 출처를 분명히 제시하였으며, 해당 내용에 대한 설명으로 적합한가?	
	14. 특정 지역, 국가, 인종, 민족, 문화, 계층, 성, 종교, 직업, 집단, 인물, 기관, 상품 등을 비방·왜곡 또는 옹호하지 않았으며, 편견 없이 공정하게 기술하였는가?	
	15. 한글, 한자, 로마자, 인명, 지명, 각종 용어, 통계, 도표, 지도, 계량 단위 등의 표기가 정확하며, 편찬상의 유의점에 제시된 기준을 충실히 따랐는가?	
	16. 한글 사용에 있어서 문법 오류, 부적절한 어휘 등 표현상의 오류가 없고 정확한가?	
Ⅳ. 학습 활동 및 평가 지원	17. 학습 활동 및 평가 과제는 교과 내용과 유기적으로 연계되어 있는가?	25
	18. 학습 활동 및 평가 과제는 학생의 수준에 적절하며 다양한 매체를 활용하였는가?	
	19. 영어 의사소통 역량 함양이 가능하도록 다양한 학습 활동 및 평가 과제를 제시하였는가?	
	20. 학습의 과정을 중시하고 학생의 참여와 성장을 지원하는 학습 활동 및 평가 과제를 제시하였는가?	
합계		100

(출처: 교육부, 한국교육과정평가원, 2023, p. 79)

검정 교과서도 국정 교과서와 마찬가지로 국가 교육과정 내용 체계에 근거해서 집필되기 때문에 출판사 간 기본적인 내용은 대동소이합니다. 하지만 출판사별로 집필진이 다르고, 비슷한 내용일지라도 교과서 디자인이나 편집을 어떻게 하느냐에 따라 보이는 내용이 다르기 때문에 국정 교과서보다는 좀 더 다양하다는 특징이 있습니다. 또한, 각 학교에서 교과서선정위원회를 통해 검정 교과서를 채택하게 되는데 채택률에 따라 민간 출판사의 매출이 달라지기 때문에 민간 출판사에서 실물 자료나 온라인 자료 등을 비교적 많이 제공하기도 합니다. 초등학교에서는 국어, 도덕을 제외한 수학, 사회, 과학, 영어, 음악, 미술, 체육, 실과 등이 검정 교과서에 해당됩니다.

인정 교과서는 민간 출판사에서 만든 교과서를 교육청(또는 학교장)이 공식 교과서로 인정해 주는 형태입니다. 앞에서 검정 교과서가 엄격한 심사 단계를 거친다고 했는데요. 이에 반해 인정 교과서는 일정 기준만 충족하면 인정을 받을 수 있기 때문에 교과서 제작이 훨씬 수월한 편입니다. 인정 교과서는 중, 고등학교 일부 과목에 한해서 허용되고 있을 뿐 초등학교에서는 인정 교과서 발행이 허용되지 않고 있습니다.

〈표 2-5〉 국정, 검정, 인정 교과서 비교

	국정	검정	인정
정의	국가가 직접 집필하고 발행하는 교과서	민간이 집필하고 국가의 검정을 통과한 교과서	민간이 집필하고 교육청 또는 학교장이 인정한 교과서
집필 주체	교육부 (또는 국가기관)	민간 출판사, 전문가 등	민간 출판사, 전문가 등
장점	통일된 교육, 내용의 일관성 확보	다양성과 창의적인 내용 반영 가능	학교나 지역 특성 반영 가능

초등 영어 교과서는 누가 집필할까요?

국정 교과서는 교육부에서 직접 집필진을 구성한다고 말씀드렸는데요. 그렇다면 검정 교과서는 누가 집필할까요? 각 민간 출판사에서는 내용이 알차게 구성되어 있고, 학교 현장에서 채택률이 높은 검정 교과서를 집필해 줄 사람을 찾습니다. 이를 충족해 줄 수 있는 사람은 오랜 기간 초등 영어 교육에 대한 연구를 하여 전문적 지식을 갖춘 사람 또는 실제 초등학생들을 지도한 경험이 풍부한 사람일 것입니다.

전자에 해당하는 사람은 전국 각 교육대학교의 초등영어교육과 교수님이나 사범대학교 영어교육과 교수님들이 해당됩니다. 이 분들은 영어과 교육과정이 개정될 때마다 직, 간접적으로 개정 작업에 참여하시거나 개정된 교육과정을 주제로 논문 발표나 세미나, 포럼 등 각종 연구 활동을 하시기 때문에 자타공인 대한민국 초등 영어 교육의 전문가라고 할 수 있습니다. 교수님들은 초등 영어 교과서가 최신 영어 학습 이론에 입각해서 체계적으로 집필될 수 있도록 하는 데 중요한 역할을 하게 됩니다.

후자에 해당되는 사람은 교원자격증을 소지하고 있는 현직 초등학교 선생님들입니다. 초등학교 선생님들은 매일매일 학생들을 가르치며 다양한 경험을 축적하게 됩니다. 이러한 경험은 교과서를 집필하는 데 매우 중요한 자양분이라고 할 수 있습니다. 선생님들은 어떠한 활동이 학생들에게 흥미를 불러일으키는지, 영어 교과서의 난이도가 학생들에게 적합한지 등을 판단하는 데 꼭 필요한 존재입니다.

다시 말해서 초등 영어 교과서는 이론적 전문가인 대학 교수님들과 현장의 전문가인 초등학교 선생님들의 협력으로 집필됩니다. 출판사별로 차이는 있지만 통상적으로는 대학 교수님들이 초등 영어 교과서의 전체적인 방향이나 체계를 잡는 데 비중 있는 역할을 하고 현장의 선생님들은 이러한 방향성에 근거해서 각 단원별 세부 내용을 집필합니다. 여러 명이 공동 작업을 하기 때문에 의견을 모으는 데 상당 시간이 소요되며 전국 각 지역의 학생 특성 및 수준을 고려해서 신중하게 내용을 선정해야 하기 때문에 교과서를 집필하는 데 소요되는 기간은 1년 가까이 됩니다.

이 외에도 검토진도 있습니다. 대학 교수님들과 초등학교 선생님들이 다양한 관점을 반영해서 영어 교과서를 집필하지만 간혹 놓치는 부분들이 있을 수 있습니다. 이를 보완하기 위해 검토진을 섭외하는 경우가 있습니다. 민간 출판사에서는 좀 더 완성된 교과서를 집필하기 위해 과거 초등 영어 교과서를 집필한 이력이 있거나 각 지역에서 초등 영어 교육 관련 활동을 왕성하게 하는 분들을 물색하여 검토를 의뢰한답니다.

편집진은 무슨 역할을 할까요?

'편집'이라는 단어를 보면 어떤 게 떠오르나요? 일상생활에서 편집이란 의미는 '영상을 편집하다', '문서를 편집하다' 등 정돈되지 않은 것을 깔끔하게 정리할 때 주로 사용되는 것 같습니다. 편집의 사전적 의미는 '일정한 방침 아래 여러 가지 재료를 모아 신문, 잡지, 책 따위를 만드는 일'입니다. 그렇다면 교과서 작업을 할 때 편집진은 무슨 역할을 할까요?

초등 영어 교과서 작업은 생각보다 복잡합니다. 개정 교육과정에서 제시하고 있는 성취 기준, 역량, 필수 단어, 내용 체계, 의사소통 기능 등의 요소를 빠짐없이 반영해야 합니다. 이와 더불어 매우 복잡한 검정 교과서 집필 기준도 충족해야 하며, 학생들의 관심을 끌 수 있는 구성 또한 깊이 있게 고려해야 할 부분입니다.

앞서 영어 교과서는 대학 교수님들과 현장의 선생님들이 협력해서 집필한다고 말씀드렸는데요. 이들은 내용 전문가이기 때문에 교과서 집필 기준에 대해서는 상대적으로 덜 민감한 편입니다. 이러한 부분을 채워주는 사람이 출판사의 편집진입니다. 출판사 편집진은 교과서 집필진이 작성한 원고를 출판사 고유의 특성이 드러나면서 집필 기준에 적합한 원고로 탈바꿈시키는 역할을 합니다. 이를 위해서는 집필진과 편집진 사이의 협력이 매우 중요합니다. 집필진은 편집진 의견을 적극 수용해서 집필 기준에 적합한 원고를 작성해야 하고, 편집진은 원고를 수정할 때 원고에 담긴 집필진의 의도가 훼손되지 않도록 주의를 기울여야 합니다. 교과서 집필 전체 기간을 살펴봤을 때 전반부는 집필진의 원고 작성이 더 많은 비중을 차지하게 되고, 어느 정도 원고가 완성되는 중, 후반부에는 편집진이 적극적으로 개입하여 원고의 완성도를 높여 갑니다. 교과서 작업 초기에는 원고 작성 방향을 논의하는 기획 회의가 주를 이루는데 이때부터 집필진과 편집진이 긴밀하게 소통하는 노력이 더해질수록 좋은 교과서가 탄생한다고 볼 수 있습니다.

검정 교과서로 선정되기까지는?

한국교육과정평가원에서 검정 교과서 심사에 대한 공고를 하면 민간 출판사에서 가장 먼저 해야 할 일은 집필진을 구성하는 일입니다. 팀이 구성되면 집필진과 편집팀이 소통하며 1년 가까운 긴 시간 동안 교과서 집필이 이루어집니다. 교과서가 완성되면 검정 심사를 위해 완성본을 평가원에 제출하는데요. 평가원에서는 검정 교과서 심사를 위한 과목별 전문가를 비밀리에 섭외하여 한 달 이상의 긴 기간 동안 검정 교과서를 심사합니다. 교과서 심사본을 제출한 시기로부터 약 세 달 정도 후 평가원에서는 검정 교과서 1차 합격 출판사를 공지하는데요. 여기서 끝나지 않습니다. 이때부터 출판사는 더 바빠집니다. 정해진 기한 내에 검정 교과서 심사

위원이 제시한 수정 사항을 모두 반영해서 2차 심사본을 제출해야 하기 때문이지요. 오탈자 수정이야 금방 할 수 있지만, 교과서 삽화 교체, 단원 구성 변경 등의 수정 의견이 나올 경우엔 꽤 많은 노력을 기울여야 합니다. 이렇게 노력해서 2차 심사본을 제출하고 나면 평가원에서는 제시한 수정 사항이 모두 반영되었는지 검토하고 최종 합격 출판사를 공지하게 됩니다.

최종 합격된 검정 교과서는 비로소 학교 현장으로 갈 수 있게 됩니다. 학교에서는 교과서선정위원회를 구성해서 해당 학교에서 사용할 검정 교과서를 면밀하게 살펴봅니다. 난이도, 내용 구성, 디자인, 전자 저작물 등을 꼼꼼하게 살핀 후 교과서 선정 순위명부를 작성해서 학교운영위원회 심의 안건으로 요청합니다. 학교운영위원회 위원들이 검정 교과서 선정 순위명부를 검토한 후 안건을 의결하면 절차가 마무리됩니다. 이렇게 길고 긴 과정을 거쳐 최종 선정된 교과서는 새 학년을 준비하는 2월에 학교로 배송이 되고 학생들은 새로운 교과서를 공부하게 됩니다.

나가기

과거 학교 교육에서 영어 교과서는 금과옥조(金科玉條)처럼 다루어졌습니다. 그러다 다양한 디지털 도구와 매체가 등장하고 교육과정 재구성 문화가 확산되면서 교과서의 활용 빈도는 점점 줄어들고 있습니다.

또한, 검정 교과서 선정을 위한 공고가 게시되는 날로부터 학교 현장에 교과서가 배송되는 날까지 소요되는 기간은 약 2년 정도입니다. 그러나 최근 AI의 등장으로 사회 변화 속도가 매우 빨라지면서, 2년 전에 집필된 교과서의 내용이 현재 학생들의 생활 환경이나 학습 요구를 충분히 반영하지 못할 수도 있다는 우려가 제기되기도 합니다.

교과서가 정답은 아니지만, 공교육이 바로 서는 데 중요한 역할을 한다는 사실을 부정하기 어렵습니다. 미래를 내다볼 수 있는 교과서가 제작될 수 있도록 교육과정 연구자, 교육정책 행정가, 출판사 직원, 집필진 모두가 머리를 맞대고 고민해야 할 시기인 것 같습니다.

라. 초등 영어 교과서는 그림책이다?

들어가기

혹시 자녀의 초등 영어 교과서를 살펴보신 적이 있나요? 처음으로 초등 영어 교과서를 보시는 분들은 페이지 가득 채워진 그림들을 보고 도대체 교과서에서 어떤 내용들을 배우는지 파악하기 어려워 당혹스러우실 수 있어요. 주로 활동명과 삽화만 제시되어 있고 무슨 활동을 어떻게 하는 건지 자세한 설명은 나와 있지 않으니까요. 하지만 교과서에서 어떠한 순서로 학습이 진행되는지 이해하신다면 누구든 쉽게 초등 영어 교과서의 구성과 형식을 파악할 수 있답니다.

초등 영어 교과서의 학습 순서는 아이가 처음으로 언어를 습득하는 과정과 동일한 순서로 듣기-말하기-읽기-쓰기 순으로 이루어져요. 요즘에는 이 네 가지 영역의 통합을 강조하고 있어서 문자언어를 초반부터 제시하거나, 두 가지 또는 세 가지 영역을 통합한 활동을 제시하기도 하는데요. 그래도 가장 기본적인 교과서의 큰 틀은 듣기-말하기-읽기-쓰기 순으로 구성되어 있다고 이해하시면 된답니다.

초등 영어 교과서 삽화의 비밀

초등 영어 교과서의 1차시, 2차시에 해당하는 페이지에는 다음과 같이 듣기 대화문과 관련된 커다란 삽화가 그려져 있어요.

[그림 2-2] 동아 초등 영어 4학년 교과서: 3단원 1차시

(출처: 윤여범 외 5인, 2025, pp. 30-31)

이 삽화들은 단순한 그림처럼 보이지만 사실 이 안에는 많은 정보들이 담겨 있는데요. 대화가 이루어지는 장소와 배경, 대화를 주고받는 인물들, 그리고 이 단원에서 학습해야 할 핵심 표현이 어떤 상황에서 사용되는지 이해하기 쉽도록 한눈에 보여주고 있어요. 아이들은 대화문을 듣기 전에 먼저 이 그림들을 살펴보고 대화문의 내용이나 새로 배우게 될 표현이 무엇일지 추측해 보는 활동을 해요. 그리고 듣기 활동 중이나 듣기 활동 후에는 주어진 질문에 답하면서 해당 그림에 표시를 하는 등의 활동을 통해 들은 내용을 잘 파악했는지 확인할 수도 있어요.

초등 영어 5, 6학년 교과서의 단원 중간 차시에도 읽기 활동을 위한 커다란 삽화가 제시되어 있는 것을 볼 수 있어요. 이러한 삽화는 학생들의 읽기 활동에 대한 흥미를 유발하고, 관련된 배경 지식을 떠올려 읽기 텍스트를 이해하는 데에 도움을 줄 수 있답니다. 그리고 읽기 텍스트를 읽은 후에 주어진 질문에 답하면서 해당 그림을 찾아 표시하는 활동 등을 통해 글의 내용을 잘 이해했는지 확인할 수도 있지요.

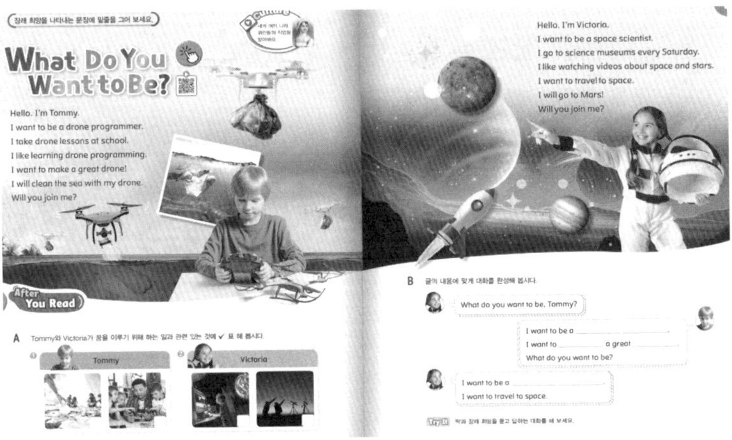

[그림 2-3] 동아 초등 영어 5학년 교과서: 12단원 4차시

(출처: 정은숙 외 13인, 2026, pp. 180-181)

3 · 4학년 교과서와 5 · 6학년 교과서는 무엇이 다를까요?

3 · 4학년은 일주일에 2시간씩 영어 수업이 배정되어 있고, 5 · 6학년은 일주일에 3시간씩 영어 수업이 배정되어 있어요. 그래서 3 · 4학년 교과서는 한 단원당 4차시, 5 · 6학년 교과서는 한 단원당 6차시로 구성되어 있어요. 한 단원 공부를 마치는 데에 보통

2주가 걸리는 셈이지요.

초등 영어 교과서마다 어느 정도의 차이는 있지만 보통 3·4학년은 1차시 듣기 중심 활동, 2차시 듣기·말하기 중심 활동, 3차시 읽기·쓰기 중심 활동, 4차시 듣기·말하기·읽기·쓰기 통합 활동과 배운 내용을 확인하는 활동으로 단원이 구성되어 있어요.

[그림 2-4] 동아 초등 영어 4학년 교과서: 4단원 1차시-4차시

(출처: 윤여범 외 5인, 2025, pp. 40-48)

5·6학년은 1차시 듣기 중심 활동, 2차시 듣기·말하기 중심 활동, 3차시 단어와 문장 수준의 읽기·쓰기 중심 활동, 4차시 글 수준의 읽기 중심 활동, 5차시 글쓰기 활동, 6차시 듣기·말하기·읽기·쓰기 통합 활동과 배운 내용을 확인하는 활동 순으로 구성

되어 있어요. 5·6학년은 3·4학년에 비해 학습 수준이 높아짐에 따라 읽기와 쓰기 활동의 비중이 늘어나고, 단어와 문장 수준에서 글 수준까지 단계적이고 체계적으로 읽기와 쓰기를 학습할 수 있도록 단원이 구성되어 있답니다.

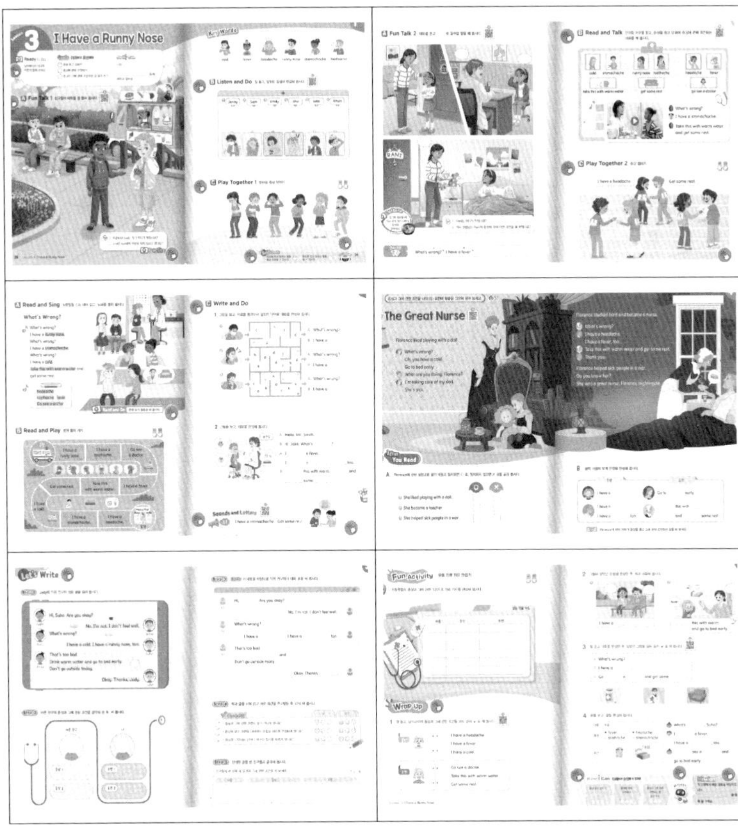

[그림 2-5] 동아 초등 영어 6학년 교과서: 3단원 1차시-6차시

(출처: 정은숙 외 13인, 2026, pp. 38-51)

영어 수업 시간에 문화도 배운다고요?

관심 있게 영어 교과서를 살펴보다 보면 '영어 수업 시간에 이런 내용까지 배우는구나!' 싶은 활동이 있을 수 있어요. 아마도 문화와 관련된 활동일 거예요. 언뜻 보면 영어 학습과 직접적인 연관이 없어 보이는 문화를 왜 사회 수업 시간도 아닌 영어 수업 시간에 배우는 것일까요? 정답은 영어 교육과정 안에서 찾을 수 있답니다.

[그림 2-6] 동아 초등 영어 3학년 교과서: Review 4

(출처: 윤여범 외 5인, 2025, p. 96)

[그림 2-7] 동아 초등 영어 6학년 교과서: 4단원 6차시

(출처: 정은숙 외 13인, 2026, p. 64)

2022 개정 영어과 교육과정을 살펴보면 "영어는 현재 국제적으로 가장 널리 통용되고 있는 언어로서 서로 다른 언어 및 문화 배경을 가진 사람 사이의 주요한 의사소통 수단이다. 영어과는 다양한 문화에 대한 이해를 바탕으로 세계 공동체 일원으로서 지속 가능한 삶을 함께 살아가는 포용성을 갖춘 사람으로 성장하도록 교육한다."라고 영어 교과의 성격을 정의하고 있어요. 그리고 영

어 교육과정의 세 번째 목표로 "지역 · 국가 · 세계 공동체의 구성원으로서 문화 정체성과 언어 및 문화적 다양성에 대한 이해를 바탕으로 공감, 배려와 관용 및 포용 능력을 갖추고 영어를 통해 공동체의 문제해결에 적극적으로 참여한다."라고 명시하고 있답니다. 그만큼 영어 교육에 있어서 문화에 대한 중요성을 강조하고 있다는 걸 알 수 있지요. 영어라는 교과목을 단순히 언어를 배우는 데에 한정하지 않고 의사소통 수단으로서 다양한 문화권의 사람들과 소통하고 문화적 다양성에 대한 이해를 바탕으로 공동체 의식을 함양하는 높은 수준을 요구하고 있기 때문이랍니다.

교육과정에서 이토록 문화를 강조하고 있기 때문에 교과서에서도 이를 반영하여 문화를 다루는 코너를 따로 만들어 제시하는 경우가 많습니다. 매 단원의 주제 또는 핵심 표현과 관련된 내용을 선정하여 세계 여러 나라의 문화를 자연스럽게 접할 수 있도록 하고 있지요. 예를 들면 외모와 옷차림에 관한 묘사를 배우는 단원에는 세계 여러 나라의 전통 의상을, 가격을 묻고 답하는 표현을 배우는 단원에서는 세계 여러 나라의 전통 시장에 대해 알아보도록 하는 것이지요. 초등 영어 교과서에서 문화를 다루고 있는 이유를 이제 다들 이해하시겠지요?

나가기

이번 장에서는 초등 영어 교과서가 어떠한 형식으로 구성되어 있는지, 3 · 4학년 교과서와 5 · 6학년 교과서는 무엇이 다른지, 그리고 교과서에 수록된 문화 관련 내용까지 살펴보았는데요. 시중의 여러 교과서마다 조금씩 차이는 있지만 기본적인 영어 교과서의 큰 틀을 이해하신다면 해당 교과서의 구성과 형식을 파악하는 건 어렵지 않을 거예요. 이제 조금 영어 교과서와 친숙해진 느낌이 드시나요? 영어 교과서의 구성과 형식을 이해하면 영어 공부가 한결 더 쉬워진답니다.

TIP

교과서 활용 측면

아이가 교과서에서 무엇을 복습해야 할지 잘 모르겠다면 단원의 핵심 단어와 핵심 문장을 함께 찾아보세요. 보통은 단원의 3차시에 해당 단원에서 학습해야 할 6개 내외의 핵심 단어 또는 어구, 그리고 핵심 문장이 함께 제시되어 있답니다. 해당 단어 또는 어구를 넣어 핵심 문장을 만들어 보고, 해당 문장을 말하고, 읽고, 쓰도록 해보세요.

레벨업 측면

아이가 1차시, 2차시에 제시되는 듣기 대화문 자료를 듣고 따라 말하기까지 무리 없이 잘 한다면 해당 대화문을 외워서 부모님 또는 친구들과 함께 역할 놀이를 하는 것을 추천해요. 각 단원의 대화문은 해당 핵심 표현을 어떤 상황에서 어떤 맥락으로 활용할 수 있는지 이해하는 데에 큰 도움을 주고, 대화문을 암기하고 실제로 발화하는 과정을 통해 여러 핵심 표현을 내 것으로 만들고 자연스럽게 발음과 억양을 익힐 수 있답니다.

마. 놀이로 가득한 초등 영어 교과서?: 노래와 찬트, 스토리, 게임, 역할놀이

들어가기

어릴 적 외국어를 배울 때, 지루한 암기식 공부와 신나는 노래를 통한 공부 중 어떤 게 더 오래 기억에 남으셨나요? 요즘 아이들은 게임이나 영상, 자막, 앱 등을 통해 영어를 훨씬 더 쉽게 접하고 있지요. 그래서 'AI 번역기가 있는데 굳이 영어를 공부해야 할까?' 라는 의문을 갖는 아이들도 있습니다. 그러나 글로벌 시대를 살아가는 지금, 영어 학습의 중요성은 여전히 커지고 있습니다. 그렇다면 초등학교 영어 수업은 어떻게 이루어질까요? 초등 영어는 단순히 단어를 암기하는 수업이 아니라, 노래와 찬트(Song and Chant), 스토리(Story), 게임(Game), 역할놀이(Role-play) 등 다양한 활동을 통해 자연스럽게 영어에 노출되는 구조로 되어 있습니다. 이번 장에서는 이러한 활동들이 교과서 속에서 어떻게 펼쳐지는지 함께 살펴보겠습니다.

초등 영어 교육과정과 교과서의 가장 큰 특징은 무엇일까요?

2022 개정 교육과정은 영어를 통해 다양한 문화권 사람들과 소통할 수 있는 역량을 기르는 것을 목표(교육부, 2022)로 하고 있답니다. 이를 위해 교육과정은 초등학생들의 발달 특성을 반영해 설계

되었지요.

특히 초등 영어는 언어 형식을 단순히 외우기보다, 활동 속에서 즐겁게 영어를 경험하는 것을 중요하게 생각한답니다. 아이들은 노래와 찬트, 게임, 역할놀이에 참여하며 표현을 반복적으로 접하고, 친구들과 상호 작용 하면서 자연스럽게 익히지요. 친구들과 함께 웃고 이야기하다 보면 영어가 생활 속으로 스며드는 거예요.

그래서 초등 영어 수업의 핵심은 "**일상생활 속 기초적인 영어 표현을 얼마나 즐겁게 말하고 들어보느냐**"에 있습니다. 교과서도 단순히 문장을 나열하는 책이 아니라, 아이들이 스스로 참여하고 몰입할 수 있도록 구성된 **활동 중심** 교재이지요.

영어 수업에서 노래와 찬트(Song and Chant)는 어떤 효과가 있을까요?

초등학생들은 대체로 노래 부르기를 참 좋아하지요. 그래서 노래와 찬트는 영어를 배우는 데 아주 효과적인 방법이랍니다. 수업에서는 먼저 노래를 들으며 내용을 확인하고, 한 소절씩 따라 부른 뒤 전체를 함께 불러 보지요. 여기에 동작을 곁들이며 부르면 단순히 듣고 말하는 것을 넘어 온몸으로 영어를 경험하게 된답니다. 예를 들어 외모를 묘사하는 가사를 몸짓으로 표현하면서 노래하면, 단어 뜻을 외우지 않아도 자연스럽게 의미를 이해하게 되지요.

이렇게 배우면 아이들은 지루하지 않게 어구를 반복하면서 기억력과 집중력도 함께 기르게 됩니다. 단어 수준에서 시작해 어구와 문장, 간단한 대화로 점차 확장해 가면서 영어의 강세, 리듬, 억양에도 익숙해지지요. 경쾌한 박자와 멜로디 덕분에 영어는 부담이 아니라 즐거움으로 다가옵니다. 아이들은 발음과 억양을 몸으로 익히며 말하기 자신감도 키워 가지요. 수업이 끝난 뒤에는 집에서 배운 노래를 흥얼거리는 모습을 종종 볼 수도 있답니다. 그럴 때면 영어가 수업 밖에서도 자연스럽게 이어지고 있다는 반가운 신호가 되지요.

TIP

노래와 찬트의 가사에는 교과서의 주요 표현들이 담겨 있습니다. 따라서 수업에서 배운 노래를 다시 들어보거나 가볍게 따라 부르기만 해도 복습이 되지요. 가정에서는 아이가 배운 노래를 함께 들어보거나 영어 가사를 살짝 이야기해 주시는 것만으로도 아이가 영어를 즐겁게 느끼고 자신감을 이어가는 데 도움이 된답니다.

스토리(Story)를 통해 아이들은 무엇을 배우게 될까요?

대부분의 초등학생들은 이야기를 좋아하지요. 교과서에서는 아이들에게 익숙한 동화나 짧은 스토리를 활용하여 주요 표현과 어구를 연습할 수 있도록 구성되어 있답니다. 아이들은 이야기 속에 쉽게 몰입하기 때문에 학습 동기가 높아지고, 자발적으로 참여하는 태도를 보이게 되지요. 수업에서는 먼저 그림을 보며 내용을 추측하고, 애니메이션을 통해 전체 줄거리를 이해합니다. 이어 다시 이야기를 듣고, 한 문장씩 따라 말해보며 모둠별로 역할을 나누어 대화를 연습하지요. 이러한 과정 속에서 아이들은 단순히 문장을 외우는 것이 아니라, 실제 의사소통이 이루어지는 상황을 경험하며 영어 문장을 자연스럽게 받아들이게 된답니다. 스토리에는 주요 어휘나 문장 구조가 반복되어 나타나는데요. 아이들은 같은 문장을 여러 번 듣고 말하는 과정에서 의미를 이해하는 능력과 언어 이해력도 함께 길러집니다. 이야기를 듣고 말하며 재미를 느끼고 집중하는 경험은 곧 영어 학습에 대한 자신감으로 이어지지요.

[그림 2-8] 동아 초등 영어 5학년 교과서: 2단원 4차시

(출처: 정은숙 외 13인, 2026, pp. 30-31)

TIP

교과서 속 이야기는 아이들이 좋아하는 친근한 주제로 선정되어 있습니다. 따라서 수업 시간에 배운 이야기를 집에서도 떠올리고 말해보면, 영어 표현을 더 쉽게 익힐 수 있지요.

교과서 속 게임(Game) 활동은 어떤 모습으로 펼쳐질까요?

영어 수업에서는 카드 맞추기, 빙고, 단어 찾기, 몸으로 표현하기 등 다양한 게임을 활용한답니다. 아이들은 놀이 속에서 단어와 표현을 여러 번 사용하며 자연스럽게 익히지요. 게임의 형태는 차시별 학습 목표에 따라 맞추어 달라집니다. 1차시에는 주요 표현을 듣고 이해하는 데 중점을 두고, 2차시에는 직접 말하며, 필요에 따라 수준별 활동을 진행할 수도 있습니다. 3차시에는 주요 단어와 표현을 읽고 쓰는 데 집중하고, 6차시에는 단원에서 배운 내용을 정리하지요. Review 차시에서는 전자 저작물을 활용해 배운

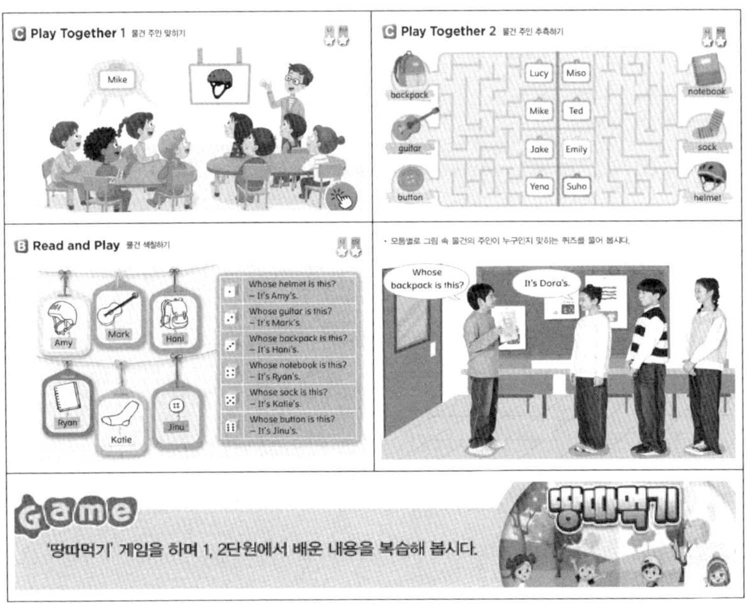

[그림 2-9] 동아 초등 영어 5학년 교과서: 2단원 1차시-6차시

(출처: 정은숙 외 13인, 2026, pp. 23-37)

내용을 복습하기도 한답니다. 이처럼 게임은 단순한 즐거움이 아니라, 집중력과 참여도를 높이고 학습 효과를 크게 키우는 중요한 도구랍니다. 친구들과 팀을 이루어 협력하거나 경쟁하는 과정 속에서 아이들은 영어 표현을 실제로 사용하게 되고, 이는 영어를 '공부'가 아닌 '재미있는 활동'으로 받아들이게 하여 긍정적인 태도까지 자연스럽게 길러줍니다.

TIP

교과서 속 게임은 수업 목표와 긴밀하게 연결되어 있어, 아이들이 웃고 떠드는 순간에도 필요한 영어 표현을 여러 번 말하도록 설계되어 있습니다. 가정에서도 간단한 카드 게임이나 빙고를 함께 하면, 교실에서 배운 영어가 주변 활동으로 자연스럽게 이어지지요.

역할놀이(Role-play)는 어떻게 진행하나요?

역할놀이는 친구와 함께 주어진 상황에 맞게 역할을 정해 말하고 행동하는 수업 방식이랍니다. 아이들은 가상 인물이 되어 보는 것에 흥미를 느끼며 더욱 적극적으로 참여하지요. 이 과정에서 단순히 표현을 따라 하는 데서 그치지 않고, 언어의 기능을 명확히 이해하며 실제 의사소통 상황에 가까운 표현을 연습할 수 있답니다. 의미의 미묘한 차이나 어법도 자연스럽게 익히는 좋은 기회가 되지요.

교실 속 역할놀이는 실생활 상황을 설정하거나 익숙한 이야기를 활용할 때 주로 사용됩니다. 수업에서는 먼저 그림을 보고 대화 내용을 추측하고, 영상을 시청하며 비교한 뒤 배역을 나누어 대화를 연습하지요. 마지막으로는 발표를 통해 배운 표현을 정리한답니다.

예를 들어 식당에서 음식을 주문하는 장면을 친구와 함께 연습하면, 단순한 암기를 넘어 실제 영어로 소통하는 경험을 하게 됩니다. 또 다른 경우에는 「미운 아기 오리」 같은 익숙한 이야기를 바탕으로 역할을 나누어 대사를 주고받으며, 이야기 속 캐릭터가 되어 영어 표현을 말해 볼 수도 있답니다. 이처럼 실생활과 스토리 속 상황을 오가며 배우는 경험은 아이들의 흥미를 높이고 학습 효과를 강화해 주지요.

Sample

1. A: Why are you happy?
   B: Because I won the soccer game.
2. A: Why are you sad?
   B: Because my friend moved to a new city.
3. A: Why are you upset?
   B: Because my brother broke my robot.

[그림 2-10] 동아 초등 영어 6학년 지도서: 8단원 2차시

(출처: 정은숙 외 13인, 2026, pp. 303, 305)

TIP

역할놀이는 단순히 대본을 읽는 활동이 아니라 몸짓, 억양, 표정까지 활용하도록 설계되어 있습니다. 교과서 속 대화 장면 또한 아이들이 일상에서 경험할 수 있는 친숙한 상황이나 아이들에게 익숙한 동화를 바탕으로 만들어졌습니다. 부모님과 짧게 역할 놀이를 하며 대화를 나누는 것만으로도, 아이가 교실에서 배운 표현을 다양한 상황에서 활용할 수 있지요.

영어 수업 시간에는 단순히 놀기만 하는 걸까요?

초등 영어 수업에서 활용되는 다양한 활동들은 단순히 재미를 위한 놀이가 아니랍니다. 아이들이 영어를 자연스럽게 익히고, 즐겁게 표현할 수 있도록 돕는 교육적 도구이지요. 노래와 찬트로 소리와 리듬에 익숙해지고, 이야기 속에서는 맥락과 표현을 이해하며, 게임을 통해 반복을 즐겁게 경험하고, 역할놀이에서는 실제 상황처럼 영어를 말해보는 기회를 갖게 됩니다. 이러한 활동을 통해 아이들은 영어에 대한 부담 없이, 즐겁고 의미 있게 언어를 배우는 과정을 경험하지요. 즉, 활동을 즐겁게 하는 과정 속에서 자연스럽게 학습 목표에 도달하게 된답니다.

가정에서도 아이가 수업에서 배운 노래를 흥얼거리거나, 이야기를 떠올려 말해 보거나, 간단한 게임이나 역할놀이를 함께 해주신다면 학습 효과는 더욱 커지지요. 학교와 가정이 함께 연계될 때, 아이들이 영어를 자신감 있게 즐기고, 실제 생활에서도 활용할 수 있답니다.

나가기

노래와 이야기, 게임과 역할놀이로 가득한 초등 영어 교과서를 통해 즐겁게 배우고, 가정에서도 함께 이어갈 때, 아이들은 영어를 '재미있게 배우는 경험'으로 받아들이며 자신감을 쌓아가지요.

교과서를 보며 노래와 찬트, 스토리, 게임(또는 재미있는 활동), 역할놀이를 함께 찾아볼까요?

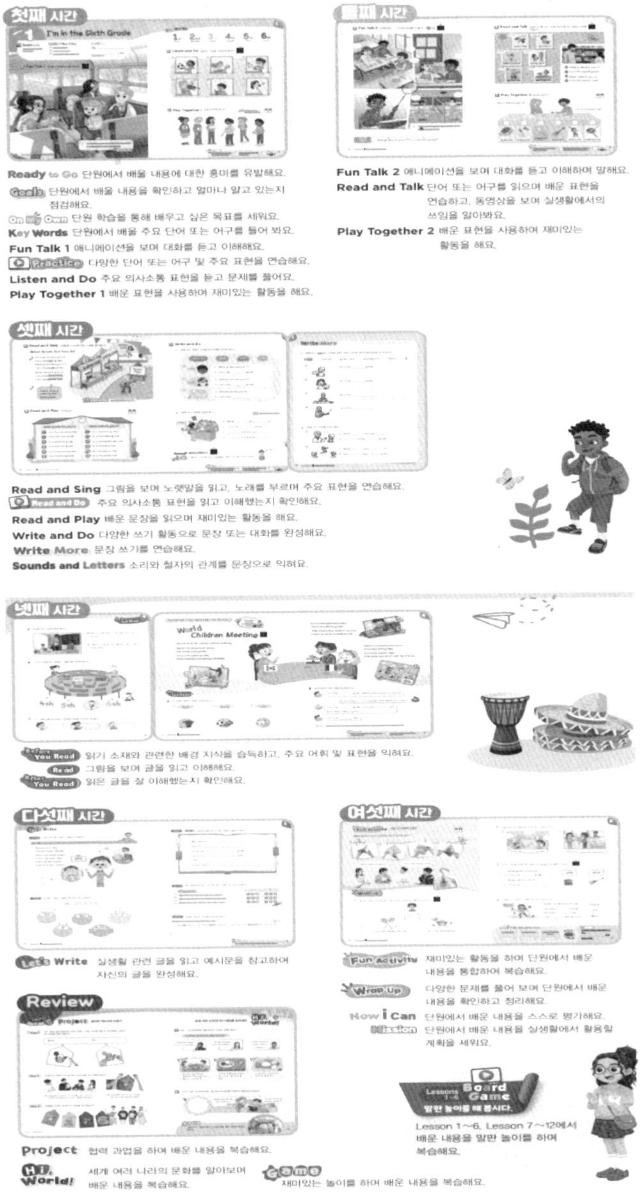

[그림 2-11] 동아 초등 영어 6학년 교과서 구성과 특징

(출처: 정은숙 외 13인, 2026, pp. 6-7)

바. 초등 영어 교과서? 전자 저작물? AIDT? 차이가 뭐지?: 각 교재의 중점 및 가정에서 활용 방법

들어가기

요즘 아이들, 영어는 어떻게 배우고 있을까요? 아이들과 이야기를 나누다 보면 "오늘 수업 끝나고 탭(태블릿 학습) 해야 해요."라는 말을 들을 수 있답니다. 학습지나 문제집이 익숙했던 과거와는 달리 아이들의 학습 방식이 많이 달라졌음을 느끼실 거예요. 학교 현장도 이러한 변화를 반영하고 있습니다. 단순히 책으로만 공부하는 시대에서 벗어나, 다양한 디지털 자료(전자 저작물)와 인공지능 기반 교과서(AIDT)까지 함께 활용하며 아이들의 흥미와 참여를 높이고 있지요. 이번 글에서는 학교에서 영어 교과서를 어떻게 활용하고 있는지, 또 새로운 자료들이 어떤 모습으로 아이들의 배움에 더해지고 있는지 차근차근 살펴보도록 하겠습니다.

영어 교과서, 여전히 중요한가요?

영어 교과서는 국가 교육과정에 따라 만들어진, 아이들의 영어 학습에 꼭 필요한 기본이자 중심입니다. 교과서만으로도 아이들이 균형 있게 영어를 배우도록 설계되어 있지요. 특히 2022 개정 교육과정에서는 단순히 지식을 배우는 데 그치지 않고, 스스로 학습하는 힘과 함께 다른 사람과 소통·협력하는 힘, 즉 핵심 역량을 기르는 데 중점을 두고 있답니다.

요즘 교실에서는 아이들의 흥미를 높이고, 배운 내용을 더 깊이 체험할 수 있도록 전자 저작물이나 AIDT 같은 자료들을 함께 활용하고 있지요. 교과서를 중심에 두되, 아이들의 학습을 더 풍부하게 만들어 주는 학습 보조 자료라고 생각하시면 됩니다.

전자 저작물은 무엇이고, 교과서와 어떻게 다른가요?

[그림 2-12] 동아 초등 영어 6학년 지도서 차시별 전자 저작물 활용

(출처: 정은숙 외 13인, 2026, pp. 299-329)

전자 저작물은 교과서 내용을 보완하거나 확장하기 위해 활용되는 디지털 형태의 보조 자료입니다. 단순히 종이책을 화면에 띄운 것이 아니라 그림, 영상, 음성, 게임 등의 활동 요소가 더해져 있지요. 아이들은 교과서를 보며 수업을 따라가다가 전자 저작물로 발음을 직접 듣고 말하며, 즐겁게 참여할 수 있답니다.

우리 아이에게 어떤 도움이 될까요?

첫째, 영어에 흥미를 갖고 참여할 수 있습니다. 찬트를 전자 저작물로 직접 들으며 주요 단어와 표현을 즐겁게 익힐 수 있지요. 또한 실생활과 관련된 동영상을 보면서 대화 내용을 더 쉽게 이해할 수 있습니다.

둘째, 수업 속 참여도가 높아집니다. 역할놀이 기능을 활용해 원하는 등장인물을 선택하고, 실감 나게 말하기 연습을 할 수 있습니다. 또 놀이와 게임 활동에 직접 참여하면서 자연스럽게 학습에 몰입할 수 있지요.

셋째, 개별 수준에 맞는 학습이 가능합니다. 심화・보충 학습 게임을 스스로 선택할 수 있고, Self Check를 통해 차시 학습 목표 달성 여부를 확인할 수도 있습니다. 문제가 어렵게 느껴졌던 친구들은 다시 듣기를 활용해 복습하며 부족한 부분을 보완할 수 있습니다.

DT와 AIDT는 기존 교과서와 무엇이 다를까요?

DT(Digital Textbook, 디지털 교과서)를 통해 가정에서도 우리 아이가 학교에서 배우는 교과서를 그대로 학습할 수 있습니다. 노트북이나 태블릿과 같은 디지털 기기를 활용해 교과서를 볼 수 있고, 여기에 더해 용어 사전, 멀티미디어 자료, 평가 문항, 보충·심화 학습 자료 등 다양한 콘텐츠도 함께 제공되니, 자신에게 필요한 학습을 시간적·공간적 제약 없이 편리하게 할 수 있지요. 또한

[그림 2-13] 디지털 교과서 예시 사이트

(출처: https://webdt.edunet.net/viewer)

에듀넷(https://www.edunet.net)과 같은 외부 교육 콘텐츠와도 연계되어 있어 학습 범위를 넓힐 수 있습니다. 에듀넷이나 교육디지털원패스 계정으로 로그인한 후, 웹뷰어(https://webdt.edunet.net)에 접속하면 언제든 이용할 수 있습니다. 무엇보다, 이제는 무거운 교과서를 매일 집으로 들고 오지 않아도 된다는 점에서 아이들이 훨씬 편리하게 공부할 수 있답니다.

AIDT(AI Digital Textbook, 인공지능 디지털 교과서)는 단순히 교과서를 보여주는 데서 그치지 않습니다. 인공지능이 아이들의 학습 과정을 분석해, 개인별 맞춤 피드백을 제공한다는 특징이 있지요. 예를 들어 학생의 수준을 분석해 아이에게 알맞은 문제를 다시 제시해 주거나, 발음을 연습할 때 즉시 피드백을 주기도 합니다. 이러한 특징 덕분에 AIDT는 교과서와 전자 저작물만으로는 놓치기 쉬운 개별 맞춤 학습을 가능하게 합니다. 아이 한 명, 한 명의 강점과 약점을 세심하게 살펴 주는, 말 그대로 '학습 도우미 선생님' 같은 역할을 한다고 이해하시면 쉽습니다.

〈표 2-6〉 동아 초등 AIDT 교육 자료 사이트

<table>
<tr><th>활동 시작</th><th>활동 결과</th></tr>
<tr><td>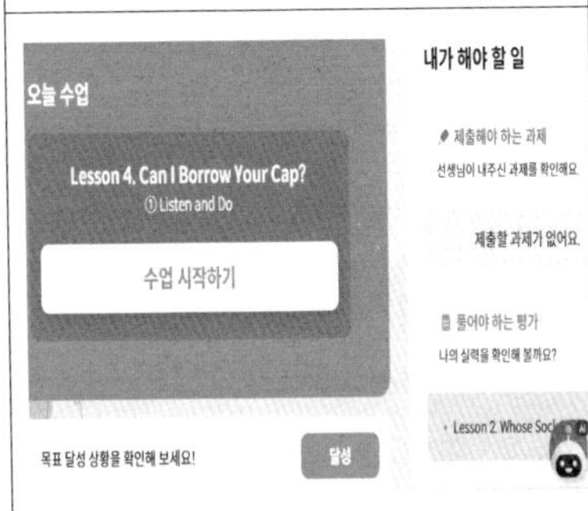
</td><td>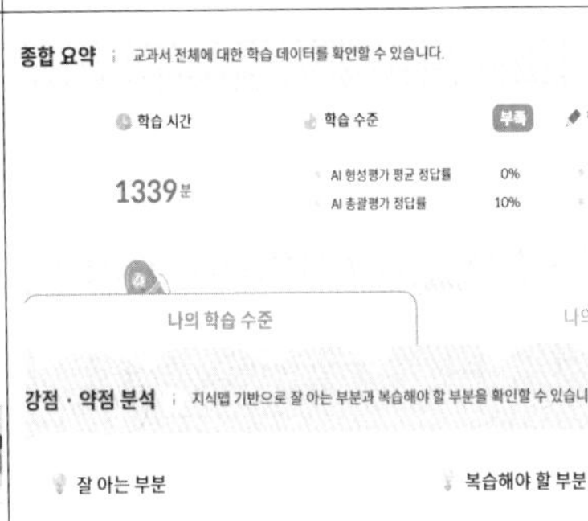
</td></tr>
<tr><th>교과서</th><th>AI 튜터</th></tr>
<tr><td>
</td><td>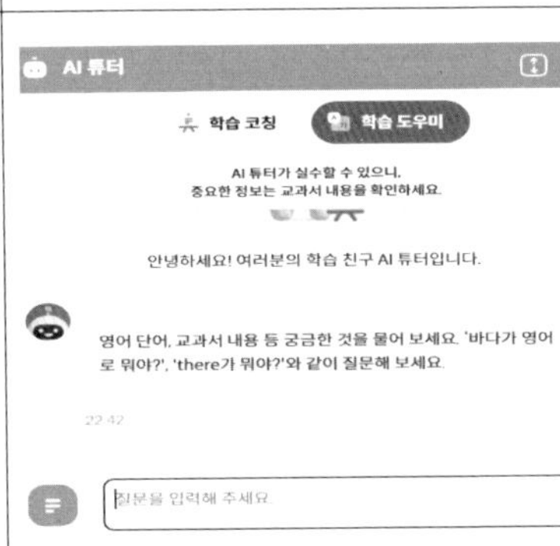
</td></tr>
</table>

(출처: https://aidt.douclass.com/el/english.donga)

교과서(서책형 교과서)는 학교에 두고, 가정에서는 디지털 기기를 활용해 DT나 AIDT로 학습할 수 있습니다. 다만, 두 가지에는 차이가 있습니다. DT(디지털 교과서)는 학생이라면 누구나 신청해 가정에서 학습할 수 있지만, AIDT(인공지능 디지털 교과서)는 해당 프로그램을 도입해 운영하는 학교의 학생만 사용할 수 있다는 제한이 있습니다.

가정에서 교과서를 활용할 수 있는 다른 방법이 있을까요?

첫째, 교과서 QR 코드를 활용해 보세요.

교과서에 있는 QR 코드를 휴대폰이나 태블릿, 노트북으로 찍으면 찬트와 노래, 듣기 표현, 실생활 주요 대화 등을 반복해 들으며 학습할 수 있습니다.

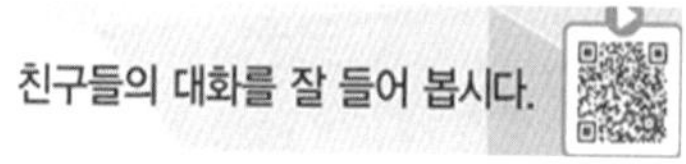

[그림 2-14] 동아 초등 영어 6학년 교과서: 8단원 1차시

(출처: 정은숙 외 13인, 2026, p. 112)

둘째, 출판사 교과서 사이트를 활용해 보세요.

각 출판사 홈페이지에는 다양한 학습 자료와 평가 자료가 제공됩니다. 해당 출판사의 전자 저작물을 함께 활용할 수도 있습니다.

[그림 2-15] 두클래스 사이트

(출처: https://ele.douclass.com/)

셋째, 공공 교육 사이트를 활용해 보세요.

- 에듀넷(https://www.edunet.net)의 웹뷰어(https://webdt.edunet.net)에서는 디지털 교과서를 학습할 수 있습니다.
- EBSe(https://www.ebse.co.kr) 교과서 영어는 교과서의 핵심 표현을 쉽고 효과적으로 익혀 학생들이 스스로 예습과 복습을 이어갈 수 있도록 도와줍니다.

[그림 2-16] EBSe 교과서 영어 초등 5 · 6학년

(출처: https://www.ebse.co.kr)

나가기

앞에서 보신 것처럼 영어 교과서는 여전히 아이들의 배움에 가장 중요한 역할을 하지요. 여기에 전자 저작물이나 DT, AIDT 같은 디지털 보조 자료들이 함께 더해져서 아이들의 배움이 더 풍성해지고 있답니다. QR 코드나 교과서 사이트, 에듀넷 같은 공공 플랫폼을 활용하면 아이들이 학교에서 배운 내용을 자연스럽게 가정에서도 이어갈 수 있지요. 무엇보다 중요한 것은 아이들이 영어를 즐겁게 경험하고, 스스로 배우는 힘을 키워가는 과정이지요. 가정에서도 작은 격려와 관심을 더해 주신다면 아이들의 배움은 한층 더 자라날 것입니다.

TIP

- 아이와 함께 교과서 QR 코드를 찍고, 노래나 찬트를 들어보세요.
- EBSe에서 제공하는 교과서 영어를 함께 시청하면서 주요 표현을 따라 해 보세요.
- 디지털 자료를 활용해 아이가 스스로 배운 내용을 말하면 바로 칭찬해 주세요.

디지털 자료 활용 영어 학습 체크리스트

□ 집에서 교과서 QR 코드를 활용해 본 적이 있다.
□ DT(Digital Textbook, 디지털 교과서)를 활용해 본 적이 있다.
□ 교과서 사이트나 전자 저작물을 함께 활용해 본 적이 있다.
□ EBSe나 에듀넷 자료를 집에서 찾아본 적이 있다.
□ 아이가 스스로 영어 학습을 했을 때 칭찬이나 격려를 해 준 적이 있다.

제 3 장

초등 영어 수업이 궁금해

가. 우리 아이 첫 영어 수업, 학부모 안심 가이드

들어가기

아이들이 처음으로 영어를 정규 교과로 배우게 되는 시기는 초등학교 3학년입니다. 그 이전에 영어 학원을 다니거나 유치원에서 영어를 접한 아이들도 있지만, 학교 영어는 국가 교육과정에 따라 단계적으로 진행되기 때문에 모든 아이들이 인사말과 같은 기본 출발선에서 시작합니다.

(출처: ChatGPT 생성 이미지)

학교 영어의 가장 큰 특징은 '점진적이고 균형 잡힌 언어 습득'을 목표로 한다는 점입니다. 3학년에서 짧은 인사말부터 시작해서 6학년이 되면 한국 문화 소개까지 점차 문장이 길어집니다. 그리고 단순히 단어를 암기하거나 시험 점수를 위해 배우는 것이 아니라, 듣기 · 말하기 · 읽기 · 쓰기를 균형 있게 경험하며, 실제 생활 속 의사소통에 활용할 수 있도록 돕습니다.

또한 수업 방식 역시 노래, 게임, 역할극, 그룹 활동 등 아이들의 발달 과정에 맞는 활동들로 자연스럽게 흥미를 느끼도록 구성되어 있습니다. 따라서 학부모님께서는 성적이나 결과보다 '즐겁게 참여했는가'에 초점을 두고 격려해 주시는 것이 중요합니다. 언어를 배운다는 것은 장기적인 계획이니까요.

학교별로 영어 교과서가 다른데요?

동아 초등 영어 5	천재(함) 초등 영어 5	시사(김) 초등 영어 5
https://promotion.douclass.com/pc/school/details/elementary/english/english56	https://text.tsherpa.co.kr/ele/book.html?bookcode=text-ele-english-ha-04	https://www.ybmcloud.com/prcenter/ybmtextbook?siteType=E

미래엔 초등 영어 5	아이스크림 초등 영어 5	비상 초등 영어 5
https://22txbook.m-teacher.co.kr/book/view.mrn?id=10016	https://text.i-scream.co.kr/user/introduce/introduceDetail.do?subject=english5&revisionYear=2022	https://text.vivasam.com/detail/92

[그림 3-1] 2022 개정 교육과정에 따른 초등 영어 5학년 교과서 표지

그러면 먼저, 교과서가 어떤지부터 알아야겠지요? 초등 영어 교과서는 교육부에서 개발한 국가 수준의 교육과정을 바탕으로 제작됩니다. 현재 대부분의 초등학교에서 사용되는 교과서는 출판사별로 모두 다르지만, 다음과 같은 공통된 특징을 가지고 있습니다.

첫째, 생활 밀착형 주제로 구성되어 있습니다.

인사하기, 자기소개, 가족, 학교생활, 음식, 취미 등 아이들의 실제 생활과 밀접한 주제를 다룹니다.

둘째, 통합적인 언어 활동으로 배웁니다.

한 단원에서 듣기 → 말하기 → 읽기 → 쓰기로 자연스럽게 연결되도록 구성되어 있습니다. 예를 들어 "인사하기"라는 주제라면, 상황 속에서 대화를 듣고 따라 하며, 짧은 문장을 읽고, 간단히 써 보는 과정으로 이어집니다.

셋째, 시각 자료와 멀티미디어를 많이 활용합니다.

교과서에는 그림과 사진이 풍부하게 들어 있어 아이들이 직관적으로 이해할 수 있습니다. 또한 전자 저작물과 함께 활용되는 음원과 영상 자료는 발음, 억양, 실제 상황을 보다 생생하게 체험하도록 합니다.

이제 이러한 궁금증이 생기실 겁니다.

학원, 필수인가요?

학교 수업만으로도 아이들은 충분히 영어에 익숙해질 수 있습니다. 한두 가지 의사소통 기능을 3-4학년은 4차시에 걸쳐서, 5-6

학년은 6차시에 걸쳐서 배우기 때문입니다. 그러나 외국어라는 생소한 배움은 자신감이 기반이 되므로 가정에서 조금만 관심을 가져 주신다면 아이들의 자신감과 흥미는 훨씬 커질 수 있습니다. 이를 좀 더 구체적으로 살펴보면 다음과 같습니다.

첫째, 심리적 준비입니다.

영어를 완벽하게 해야 한다는 부담감을 줄여 주세요. 아이가 말실수를 해도 “좋은 시도였어”라고 먼저 칭찬해 주세요.

둘째, 습관적 준비입니다.

규칙적으로 영어 노래나 동화를 듣는 습관을 들이면 수업에 더 쉽게 적응합니다. 교과서 CD나 온라인 음원을 미리 들어보는 것도 좋은 방법입니다.

셋째, 환경적 준비입니다.

집에 영어 그림책 한두 권, 영어 포스터, 알파벳 카드 등을 두어 자연스럽게 노출시켜 주세요. TV나 유튜브를 영어로 보는 것도 좋지만, 반드시 짧게, 반복적으로 보여주는 것이 효과적입니다.

영어 유치원은 안 보냈는데 괜찮을까요?

괜찮습니다. 초등 영어는 국가 교육과정에 맞춰 3학년부터 본격적으로 시작되며, 학교 현장에서 처음 배우는 아이도 따라올 수 있도록 설계되어 있습니다. 학교 영어의 목표는 성적이 아니라 기초 의사소통 능력과 자신감입니다. 노래, 찬트, 게임, 역할극, 모둠 활동 등을 통해 흥미를 먼저 키운 뒤, 읽기와 쓰기로 확장합니다.

이때 부모님 역할의 핵심은 '빨리'보다 '즐겁게 · 꾸준히', '하루 10분'의 짧은 노출이 장기적으로 가장 강력합니다. 아이가 "틀리면 어떡하지?"라고 불안해할 때는 시도한 용기를 먼저 칭찬하세요. "좋은 시도였어! 이번엔 이 소리를 이렇게 해보자"처럼요.

우리 아이는 너무 부끄러움이 많아요

같은 교과서도 아이 성향에 따라 접근을 달리하면 효과가 커집니다. 아무래도 외향적인 아이가 많은 시도를 통해 영어를 배워나가기 쉬워 보이지만 그만큼 오류도 많습니다. 다음에 제시된 아이 성향별 가정 지원 전략을 고려해 보세요.

첫째, 영어를 '좋아하는' 아이는 호기심과 도전형의 아이라고 볼 수 있습니다. 이런 아이와의 영어 수업은 수업 주제와 연결된 동영상을 보여 준다든지, 그림 사전 만들기, 역할극 영상 촬영하기, 영어 일기 3문장 쓰기(오늘 배운 표현 1문장 + 내 경험 1문장 + 내 감정 1문장), 주 1회 '집 발표', 가족 앞에서 30~60초 동안 영어로 발표해 보고, 소리 패턴을 익히는 파닉스 훈련을 꾸준히 실시하는 등의 활동을 권장합니다. 이럴 때 부모님은 이렇게 북돋아 주세요.

"와, 네가 영어로 말하려고 하는 게 정말 멋지다!"(칭찬)
"네가 직접 찾아본 단어, 엄마(아빠)도 몰랐어. 대단한데?"(격려)
"이번엔 가족 발표 무대 준비해 볼래? 다들 즐겁게 들을 거야."(확장)
"발음은 조금 다르지만, 뜻은 완벽하게 전달됐어. 멋져!"(피드백)

둘째, 영어를 '싫어하는' 아이는 회피형 또는 불안형이라고 볼 수 있지요. 이런 성향이라면 영어 활동은 초저강도·초짧게! 5분 루틴(듣기 2분 + 따라 말하기 1분 + 칭찬 2분)으로 진행하시길 권장합니다. 또한, 영어 공부를 놀이화하여 '빙고·보드 게임·스티커 미션'으로 성공 경험부터 제공하시면 좋고요. 오류에 대한 두려움이 없이 시도할 수 있도록 발음보다 의사소통 의도를 먼저 칭찬해 주세요. "전달 성공!"

또는, 한글-영어 브리지로 뜻·상황을 한국어로 먼저 안정시키고, 짧은 영어로 전환하는 방법도 좋습니다. 더불어 자율성을 주어 '3가지(노래, 카드, 짧은 영상) 중 하나 고르기' 등으로 선택권을 제공해 주면 좋습니다.

"한 단어만 말했는데도 오늘 성공했네! 짝짝짝"(칭찬)
"하기 싫은데도 시도했구나. 용기가 멋지다."(격려)
"틀려도 괜찮아. 게임처럼 많이 해볼수록 점점 쉬워져."(격려)
"딱 5분만 하자, 그리고 끝! 오늘은 엄청 짧은 미션이야."(성취감)

셋째, 수줍음이 많은 '말하기 부담형'의 아이입니다. 이럴 땐, 처음부터 큰 소리를 요구하는 것보다는 녹음을 먼저 해보는 방법을 추천드립니다. 다른 사람 앞에서 말하기 전에 휴대폰 등의 녹음기로 스스로 녹음을 한 후 들어보도록 하는 것이지요. 또는 가족의 도움을 받아 짝연습을 할 수도 있습니다. 가족과 2인 대화문을 반복하여 말하되, 암기보다 리듬에 집중하는 것이 좋습니다.

"작게 말했지만, 엄마(아빠)는 다 들었어. 너무 잘했어."(칭찬)
"네 목소리가 점점 커지는 게 보여서 뿌듯해."(격려)
"먼저 녹음만 해볼까? 아무도 안 듣고 너만 들어보면 돼."(피드백)
"천천히 말해도 괜찮아. 네 속도에 맞게 하면 돼."(속삭임 → 작은 소리 → 보통 소리 단계로 진행)

넷째, 실수를 두려워하는 형인 '완벽주의' 아이입니다. 오답 컬렉션 노트를 만들어 틀린 표현을 재미있게 꾸미고 다시 말해보게 합니다. '시간 제한 연습'을 통해 완벽함보다 자연스러운 흐름을 우선시하면서 성장을 기록하는 것도 좋습니다. 한 달 전 녹음과 현재를 비교하며 성장 변화를 눈으로 확인할 수 있게 해 주십시오.

"70% 맞았어! 이미 충분히 멋지다."(칭찬)
"실수한 부분도 다시 도전하는 모습이 더 대단해."(격려)
"지금은 틀렸지만, 지난주보다 훨씬 잘했어. 네가 성장하는 게 보인다."(격려)
"완벽하지 않아도 괜찮아. 오늘은 빨리 말하기 챌린지 해볼까?"(피드백)

파닉스가 중요하다는데 어렵네요

파닉스는 영어 알파벳과 소리 간의 관계를 체계적으로 가르치는 교수법으로 학습자가 낱말을 보고 소리를 내어 읽을 수 있도록 돕는 방법이에요. 즉, 영어 읽기의 기초 방법이라고 할 수 있습니다(Cambridge Dictionary). 교과서에서는 3학년부터 6학년까지 단원별로 파닉스가 조금씩 제시되어 있지만 3학년 1학기 동안 간단한 '소리-글자-의미'를 연결해 '읽고 말하고 쓰는' 기초를 완성하면 이후 영어가 훨씬 쉬워집니다.

〈표 3-1〉 파닉스 학습 단계

구분	활동 예시
프리-알파벳 (소리감 키우기)	리듬 · 운율: 라임(예: cat-hat-mat) 듣고 '같은 소리' 찾기 첫소리 · 끝소리 구분 게임: "bus, what's the first sound? /b/!" 그림-소리 매칭: 소리 단서로 그림 찾아 스티커 붙이기
알파벳 이름 & 소리 (대/소문자)	하루 4~6자씩 A(에이)와 대표 소리(/æ/)를 함께 익히기 쓰기 습관: 연필 그립 · 획순 · 줄 간격(대문자는 위 두 줄, 소문자는 중간부터) 지도하기 미니북: A is for ant … 아이가 그림 직접 그려 '내 사전' 만들기
초급 파닉스 (자음, 단모음)	CVC 단어(cat, bed, pin, cup)로 블렌딩(합성) 연습하기 소리 하나씩 내며 천천히 → 점점 빠르게 예) cat → ㅋ + ㅐ + ㅌ = 캣
시각 단어 (sight words)	파닉스로 읽는 것이 아니라 시각적으로 통째로 기억하도록 하기 (자동으로 읽는 단어 10~20개: I, a, the, to, is, are, you, we, my, your …)
확장 파닉스 (복합 자음, 장모음, 이중 자음)	장모음 패턴(a_e, i_e 등), 자음군(bl-, st-, -nd), 이중 자음 (ch, sh, th)

* 시각 단어: sight words, 글자를 하나하나 소리 내어 읽지 않고 모양 전체를 보고 즉시 인식할 수 있는 단어

(출처: https://www.gov.uk/government/publications/letters-and-sounds)

나가기

아이에게 가장 중요한 것은 학부모의 격려입니다. 영어는 단기간에 성과가 보이지 않을 수 있지만, 꾸준히 즐기며 접하면 반드시 실력이 쌓입니다.

영어 공부를 '시험 과목'이 아닌 '의사소통 도구'로 인식하도록 이끌어 주시고, 결과보다 '즐겁게 배우는 경험'을 우선시한다면 아이들은 스스로 영어에 대한 자신감과 흥미를 키워나갈 수 있습니다.

나. 초등 영어 수업에서는 어떤 걸 배울까?

들어가기

초등 영어 교과서는 3-4학년은 8종, 5-6학년은 9종이나 되는데, 한 종류만 공부해도 될까?

(출처: ChatGPT 생성 이미지)

영어 수업의 첫 단추! 3학년 때 우리 아이는 무엇을 익혀야 할까요?

설레면서도 긴장되는 3학년 영어! 알고 보면 답이 보입니다. 무엇을 배울지 수업 속으로 들어가 볼까요?

초등 3학년 첫 달은 교과서가 달라도 선생님들은 주로 학생들의 수준을 알기 위해 알파벳 대·소문자를 시험 본 후 외우게 한답니다. 선생님들에 따라 1학기 내에 나눠서 가르치기도 하지만 대부분은 첫 달인 3월에 모두 학습하도록 하고 있어요. 이후 본격적으로 시작하는 학습 내용은 '인사하기, 안부 묻기, 가족 소개, 숫자 묻기' 등 듣기, 말하기 위주의 쉬운 내용이라 아이들이 학습하기에 어려움이 없습니다. 하지만 3학년 2학기 이후에는 읽기와 쓰기 비중이 더욱 강조되어 단어 또는 문장 쓰기 등의 시험을 볼 수 있으니 단어와 문장 읽기에 어려움이 없도록 파닉스를 익히는 것을 권장합니다. 파닉스를 기초로 3학년에는 쉬운 단어를, 3학년 2학기 혹은 4학년 1학기에는 핵심 문장을 쓸 수 있도록 준비하시면 좋습니다.

〈표 3-2〉 동아 초등 영어 3학년 지도서: 1-2단원 연간 지도 계획

단원명	소재	의사소통 기능	신출 어휘	파닉스	문화	교과 연계	배정 시간
Lesson 1 Hello, ABC!	개인생활, 사회생활, 생태전환	• 만나고 헤어질 때 하는 인사말 하기 Hello(Hi)/Bye. • 자기소개하기 I'm Zico. • 감사하는 말 하기 Thank you.	be, bye, five, four, hello(hi), I, one, six, thank, three, twom, you				5
Lesson 2 What's This?	사회생활, 생태전환, 일반교양	• 무엇인지 묻고 답하기 What's this/that? -It's a ball. • 감탄하는 말 하기 It's nice!	a, apple, ball, book, cat, dog, drone, fan, great, hat, it, look, nice, that, this, too, what	알파벳 Aa~Ee의 철자와 소리의 관계 이해하기	세계 여러 나라의 전통 모자	〈미술〉 관찰하고 표현하기	5

(출처: 윤여범 외 5인, 2025, p. 48)

〈표 3-3〉 동아 초등 영어 3학년 지도서: 3학년 1단원 목표

단원 목표	
• 이해	• 알파벳 Aa~Zz를 읽을 수 있다. • 만나고 헤어질 때 하는 인사말을 듣고 이해할 수 있다. • 자기소개하는 말을 듣고 이해할 수 있다. • 감사하는 말을 듣고 이해할 수 있다.
• 표현	• 알파벳 Aa~Zz를 쓸 수 있다. • 만나고 헤어질 때 하는 인사말을 할 수 있다. • 자기소개하는 말을 할 수 있다. • 감사하는 말을 할 수 있다.

(출처: 윤여범 외 5인, 2025, p. 66)

그렇다면 8종이나 되는 모든 교과서를 공부해야 할까요? 위 자료에서 볼 수 있듯이 초등 영어 지도서에는 단원명, 소재, 의사소통 기능, 신출 어휘 등 수업에서 배워야 할 내용을 정리한 부분이 있어요. 각 단원에는 단원 목표를 통해 성취해야 할 목표도 확인할 수 있어요.

우리나라 모든 교과서는 이 교육과정에 근거해서 배울 내용을 선정하기 때문에 한 종류의 교과서를 배워도 중요한 내용은 학습할 수 있습니다. 따라서 8종의 교과서를 모두 다 학습할 필요는 없습니다. 관련된 어휘와 문장을 확장해서 배우는 것을 더 권장합니다.

이런 걸 배워요!

'초등 영어에서는 무엇을 배울까?' 특히 초등 3학년을 앞둔 예비 1, 2학년 학부모님들은 아이들이 무엇을 배울지 궁금해합니다. '우

리 아이가 처음 배우는데, 도와줘야 하지 않을까?' 하는 걱정이 마음 한구석에 있을 것입니다.

다행히 초등 영어에서는 학생들이 배워야 할 내용을 '소재'로 정리하고 있습니다. 아이들이 생활 속에서 재미있게 영어를 배우고 실제로 활용할 수 있도록 '소재'를 정하였습니다.

초등학교 영어 학년별 소재와 주제

초등학교 영어에서는 아이들이 영어에 흥미를 느끼고 기본적인 의사소통 능력을 기를 수 있도록 기초적인 내용을 다룹니다. 정리하자면, 초등 영어의 소재는 아이들의 삶과 밀접한 일상적 주제와 흥미를 끌 수 있는 문화적 주제로 구성됩니다. 다음은 4학년 영어 소재와 주제를 정리한 내용입니다.

〈표 3-4〉 동아 초등 영어 4학년 지도서: 영어 소재 및 주제

단원	소재	주제 (의사소통 기능)
1	학교생활, 사회생활, 민주시민	이름 묻고 답하기, 인사하기
2	학교생활, 사회생활, 민주시민	다른 사람 소개하기, 안부 묻기
3	개인생활, 학교생활, 사회생활, 민주시민	감정이나 상태 묻고 답하기, 상대방 말에 동의하기
4	개인생활, 학교생활, 사회생활, 민주시민	제안하고 이에 답하기, 위로하기
5	문화, 민주시민, 일반교양	금지하고 이에 답하기, 지시하고 이에 답하기

단원	소재	주제 (의사소통 기능)
6	문화, 민주시민, 디지털 · AI, 일반교양	시각 묻고 답하기, 시각에 따른 일과 말하기
7	개인생활, 가정생활, 학교생활, 사회생활	물건의 위치 묻고 답하기, 모르고 있음을 나타내는 말하기
8	개인생활, 가정생활, 일반교양	요일 묻고 답하기, 방과 후 활동 말하기
9	개인생활, 학교생활, 민주시민, 일반교양	물건의 주인인지 묻고 답하기, 물건 묘사하기
10	개인생활, 학교생활, 사회생활, 일반교양	현재 무엇을 하고 있는지 묻고 답하 기
11	개인생활, 사회생활, 문화, 민주시민, 일반교양	물건의 가격 묻고 답하기, 원하는 물건 말하기

(출처: 윤여범 외 5인, 2025, pp. 48-49)

왜 초등 영어 교과서에서는 이런 소재를 정했을까요?

1) 학생들의 발달 단계 고려

소재는 학생들의 발달 단계를 고려하여 학생의 실제 생활과 관련된 의사소통 내용을 기반으로 정해집니다. 초등학생 눈높이에 맞는 친숙하고 쉬운 주제를 선택해야 학습 흥미를 유지할 수 있기 때문입니다. 따라서 교과서에 나오는 주제들은 인사하기, 가족 소개, 음식, 학교생활처럼 아이들이 일상에서 주로 접하는 것들입니다.

2) 문화 이해 교육 강화

최근 교육과정에서는 세계 여러 나라의 문화를 자연스럽게 접하면서 다양성과 존중을 배우도록 하기 위해 문화적 소재도 포함됩니다. 예전 교육과정에서는 영어권 문화를 중심으로 했다면 최근에는 다양한 유럽, 아시아권 등의 문화를 이해하도록 돕고 있습니다.

3) 점진적으로 성장하도록 단계별로 구성

학년이 올라가면서 어휘와 문법이 확장될 수 있도록 학습 난이도와 소재가 단계적으로 구성됩니다. 저학년 때는 아주 쉬운 표현부터 시작하고, 학년이 올라가면서 점점 문장도 길어지고 표현도 다양해집니다.

TIP

'소재'에 관한 영어과 교육과정에서는 학습자들이 관심을 가지고 흥미를 느낄 수 있는 소재를 선택하되 학습자들의 의사소통 능력, 공동체 문제해결 능력, 창의적 사고력, 심미적 감수성 등을 기르는 데 도움이 되는 내용으로 한다고 제시되어 있습니다.

소재와 함께 제시된 의사소통 기능은 뭐예요?

그러면 초등 영어에서는 소재만 제시하고 있을까요? 물론, 그렇지 않습니다. 우리나라 초등 영어 교과서는 '소재 + 의사소통 기능

+ 예시문' 체계로 구성되어 있어요. "의사소통 기능(Communicative Functions)"은 영어를 왜 사용하는지, 어떤 목적을 가지고 말하는지를 뜻해요. 예를 들어, 우리가 말을 할 때는 단순히 문장을 나열하는 게 아니라 의도를 가지고 말을 하게 됩니다. 예를 들어, '묻기, 소개하기, 부탁하기, 거절하기, 감사하기, 제안하기' 등이 모두 의사소통 기능이에요.

의사소통 기능이 중요한 이유는 뭐예요?

언어의 본질은 '소통'이기 때문입니다. 영어는 시험을 위해 중요한 것이 아니라, 실제로 다른 사람과 생각과 감정을 주고받는 도구로 봅니다. 그래서 단순히 단어, 문법을 아는 것보다 "Hello", "I like ~", "Can I ~?" 같은 실제 상황에서 쓰는 표현을 익히는 게 더 중요하다고 여깁니다.

자연스러운 언어 습득을 목표로 해요. 초등학생은 모국어처럼 듣고 말하면서 언어를 배우는 시기입니다. 문법 설명보다 의사소통 상황 속에서 반복적으로 사용할 때 영어가 더 쉽게 습득된다고 여기기 때문입니다.

자신감 형성에 도움이 돼요. "말이 통했다"는 경험은 아이들에게 성취감과 자신감을 주게 됩니다. 초등 단계에서 긍정적인 경험을 많이 할수록 영어에 대한 흥미와 동기가 커집니다.

실생활과 밀접하게 연계되어 있어요. 인사하기, 자기소개하기, 물건 사기, 길 묻기 같은 기능은 실제 생활에서 바로 활용 가능합니다. 이렇게 생활 속 맥락과 연결된 영어는 기억에도 오래 남게 됩니다.

정리하면, 초등 영어에서 의사소통 기능은 영어를 시험 과목이 아니라 '살아 있는 언어'로 경험하게 해주는 핵심이기 때문에 중요하다고 할 수 있어요.

엄마들은 지도서가 없는데, 무엇을 배울지 어떻게 아나요? -아이의 교과서를 활용해요

소민 엄마	선생님, 저는 아이를 학원에 보내지 않아서 아이가 3학년이 되었는데, 영어를 어려워할까 걱정입니다.
선생님	아직 늦지 않았습니다.
소민 엄마	아이가 배울 내용이 무엇인지 집에서는 어떻게 알 수 있나요?
선생님	교과서를 보면 제목 목차를 보거나 각 단원 첫 페이지에 학습 목표(Goals)를 참고하시면 무엇을 배울지 알 수 있어요.
소민 엄마	아 그렇군요. 그런데 아이 교과서를 보니 그림과 지시문이 주로 있어서 집에서 어떻게 지도해야 할지 난감하더라고요.
선생님	맞아요. 그래서 영어는 디지털 교과서를 다운받아 사용하면 좋습니다. 각 단원의 대화문과 노래 등을 수 있고, 특히 2022 개정 교과서는 QR 코드가 있어서 조금 더 쉽게 활용 가능해요.
소민 엄마	좋은 정보 감사합니다. 그런데 읽기 지문도 듣기를 통해 집에서 읽기를 연습할 수도 있나요?

선생님	네, 맞아요. 여러 번 듣고 따라 읽고, 부모님과 함께 역할극도 해보고, 주요 단어와 문장을 꾸준히 써보게 한다면 고학년에 올라가도 영어를 잘 해나갈 수 있을 거예요.
소민 엄마	그래도 불안해요. 학원을 보내야 할까요?
선생님	학원도 한 가지 방법이 되기는 하지요. 하지만 EBS 초등영어 누리집을 통해 파닉스와 동화책 듣기와 읽기를 꾸준히 한다면 따로 학원을 다니지 않아도 괜찮습니다. 각 학년 교과서와 연계된 프로그램도 있어서 활용해 보면 좋습니다.

나가기

초등 영어에서는 학생들이 배워야 할 내용을 '소재'로 정리하고 있습니다. 소재와 함께 구체적으로 배워야 할 내용을 '의사소통 기능'으로 함께 제시하고 있습니다. 예를 들면, 소재인, '가정생활 · 사회생활 · 일반교양'과 함께 의사소통 기능으로 '좋아하는 음식 묻고 답하기(Do you like chicken? - Yes, I do./ No, I don't.)'를 제시하고 있습니다. 각 학년별 소재에 따른 의사소통 기능을 잘 익힌다면 교육과정 성취 기준을 충분히 이룰 수 있습니다.

TIP

한국의 영어 교육에서 **의사소통 기능(Communicative Functions)**은 아주 중요한 역할을 해요. 과거에는 단순히 단어와 문법을 외워서 영어를 배우는 때가 있었어요. 하지만 1972년에 '델 하임즈(Dell Hymes)'가 '의사소통 능력(communicative competence)' 개념을 제시하고 단순히 문법적으로 '맞는' 문장보다, 상황에 맞게 적절히 말할 수 있는 능력이 중요하다고 보았습니다. 예를 들어 "Can you open the window?"는 문법적인 문장 유형으로는 의문문이지만 실제 상황에서는 '부탁하기' 의사소통 기능을 가지고 있습니다.

하임즈는 언어를 실제 사회적 맥락에서 기능적으로 쓰는 능력을 강조하였습니다. 단순히 단어와 문법을 외우는 것이 아니라, '언어를 실제로 사용하는 힘'을 길러주는 핵심이기 때문이라고 여겼습니다.

- 영어 교육에서 말하는 의사소통 기능(communicative functions)은 주로 의사소통 중심 언어 교수법(Communicative Language Teaching, CLT)과 관련이 깊습니다.
- 이 이론을 체계화한 대표적인 학자가 바로 델 하임즈(Dell Hymes)와 마이클 할리데이(Michael Halliday), 그리고 이후 데이비드 윌킨스(David Wilkins) 등이에요.

다. 초등 영어 수업에서는 어떻게 배울까?

들어가기

요즘 초등학교 영어 수업은 어떻게 이루어질까요?

(출처: 정은숙 외 13인, 2026, p. 41)

(출처: ChatGPT 생성 이미지)

'의사소통'이 중심인 영어 수업!

80~90년대생 학부모 세대가 기억하는 학창 시절의 영어 수업! 어떤 장면이 먼저 떠오를까요? 아마도 문법과 독해 위주의 수업, 시험 대비 문제 풀이, 하얀 연습장을 깜지로 만들며 단어 암기에 몰두했던 순간들이 생각나실 겁니다. 지금 학부모님들은 초등학교 시절 영어를 배우지 않은 세대(초등학교 영어의 공식 도입 시기는 1997년)로 초등 영어 수업이 구체적으로 어떻게 이루어지는지 더욱 궁금하실 듯해요. 본격적으로 살펴보기 전에 먼저 국가 교육과정에서 제시한 초·중·고 모든 학교급에서의 영어과 교육 목표를 살펴볼게요.

영어과의 궁극적인 목표는 다변하는 미래 사회를 대비하여 언어와 문화의 배경이 다른 세계인과 **영어로 의사소통하는 역량**을 기르는 것이다.

(출처: 교육부, 2022, p. 6)

특히 초등 영어는 다른 나라의 언어를 처음으로 접하는 과목인 만큼 학생들이 언어 '자체'에 대한 흥미를 가지고 영어로 소통하며 영어가 나에게 필요한 언어라는 것을 느끼도록 하는 것이 무엇보다 중요합니다. 이를 위해 앞 장에서 다룬 바와 같이 '의사소통 기능'을 주제로 배울 내용을 정하고, 실생활 장면 속에서 영어로 표현된 다양한 말과 글을 이해하고 표현하는 것에 중점을 두어 '의사소통'을 중심으로 활동을 구성합니다.

단계적인 반복 학습을 토대로 '언어'로 소통해요

3학년 교과서에 제시된 구체적인 활동을 살펴볼까요? 교과서는 8종이지만 새로 배우는 단어와 문장의 의미를 이해하고 표현하도록 하는 수업 활동의 흐름은 유사합니다. 단원의 첫 두 시간은 대화문 듣기, 노래나 찬트 부르기, 영어 게임 등을 하며 주요 표현을 듣고 이해하며 따라 말하기를 자연스럽게 '반복'적으로 배우도록 지도합니다.

〈표 3-5〉 동아 초등 영어 3학년 교과서: 차시별 활동 소개(1차시-2차시)

첫 번째 시간 (1차시)	Fun Talk 1 애니메이션을 보며 대화를 듣고 이해해요. Practice 단어와 주요 표현을 연습해요. Chant 찬트를 하며 단어와 주요 표현을 연습해요. Play Together 1 배운 표현을 활용하며 재미있는 활동을 해요.
두 번째 시간 (2차시)	Fun Talk 2 애니메이션을 보며 대화를 듣고 이해하며 말해요. Song 노래를 부르며 주요 표현을 연습해요. Let's Talk 짝과 함께 배운 표현을 연습하고 동영상을 보며 실생활에서의 쓰임을 알아봐요. Play Together 2 배운 표현을 활용하며 재미있는 활동을 해요.

(출처: 윤여범 외 5인, 2025, p. 4)

세 번째 시간에는 그동안 음성 언어를 통해 익숙해진 표현들을 소리 내어 읽고 쓰면서 문자 언어로 반복, 네 번째 시간에는 역할놀이나 프로젝트 학습 등을 통해 4가지 기능을 통합적으로 사용하며 마무리합니다. 듣기나 읽기 자료를 제시할 때는 일상생활의 맥락, 배경이 포함되도록 하고 시각 자료를 최대한 활용하여 학생들

〈표 3-6〉 동아 초등 영어 3학년 교과서: 차시별 활동 소개(3차시-4차시)

세 번째 시간 (3차시)	Read and Talk 단어를 읽고 배운 표현을 말해요. Read and Do 다양한 읽기 활동으로 단어를 읽혀요. Read and Write 다양한 쓰기 활동으로 단어를 읽혀요. Play Together 3 배운 표현을 활용하며 재미있는 활동을 해요.
네 번째 시간 (4차시)	Story Box 친숙한 이야기로 역할놀이를 하며 배운 표현을 연습해요. Wrap Up 다양한 문제를 풀어 보며 단원에서 배운 내용을 확인하고 정리해요. Now I Can 단원에서 배운 내용을 스스로 평가해요. Mission 단원에서 배운 내용을 실생활에서 활용할 계획을 세워요.

(출처: 윤여범 외 5인, 2025, p. 5)

의 이해를 돕습니다. 이렇게 학생들은 다양한 활동을 통해 계속 반복하면서 단원 목표로 정했던 영어 표현을 자신 있게 듣고 말하고 읽고 쓰게 되며 의사소통 역량을 키웁니다.

5-6학년은 학습할 문장의 길이가 길어지고 문장의 형식이 더 복잡해지며 읽고 쓰는 활동의 비중이 더 커집니다. 따라서 수업 시간의 활동도 장문의 대화문 듣고 이해하기, 글 읽고 이해하기, 배운 표현을 활용한 문장 쓰기, 앱이나 번역기 등 디지털 매체를 활용해 학습한 내용을 쓰고 말하기 등이 강화됩니다.

특히 학생들이 학습하게 되는 언어 표현이 자신의 경험, 의견, 계획, 진로 등 개인적인 영역뿐 아니라 기후 변화나 다문화 문제 등 사회적인 주제에 대해서도 적극적으로 관심을 가지도록 과업이나 프로젝트 학습, 의견 조사 등의 다양한 활동에 참여하게 됩니다.

(출처: ChatGPT 생성 이미지)

(출처: ChatGPT 생성 이미지)

학생들은 결과물을 정리하고 발표하는 과정에서 자기 주도성을 높이고 유의미한 학습이 이루어집니다. 학생들이 열심히 연습한 그 표현을 활용하여 개인의 의견, 감정을 토대로 다른 사람과 소통하는 것! 그것이 바로 진정한 '언어'로서의 영어를 배우는 것이니까요.

공감 · 배려 · 존중의 마음을 담아 자신감 있게 표현해요!

> Jimin: Can I borrow your pencil?
> Kevin: Sure. Here you are.
> Jimin: Thank you, Kevin.
> Kevin: You're welcome.

5학년 영어 시간에 배우는 대화문인데요. 상대방의 허락을 구하는 문장의 형식(Can I ~?)이나 주요 단어의 의미(borrow: 빌리다)를 학습하는 것 못지않게 중요한 핵심이 있습니다. 바로 연필을 빌려준 친구에게 꼭 고맙다고 표현하는 것입니다. 그 마음이 담겨 있지 않다면 저 대화문은 의문문과 평서문의 형식을 가진 문장들에 불과할 테니까요.

학생들이 주요 표현을 듣고 말할 수 있는 기능만 익히는 것이 전부가 아니지요. 학생들이 의사소통 과정에서 기본적인 대화 예절을 이해하는 것, 적극적으로 대화에 참여하는 태도, 상대방을 배려하여 공손하게 듣고 말하는 태도, 말하는 차례 지키기 등을 의사소통 전 과정에 걸쳐 체득할 수 있도록 선생님은 지속적으로 점검하고 격려해 준답니다.

그리고 처음 배우는 외국어인 영어에 대한 흥미와 자신감을 놓치지 않도록! 언어로서 계속 배우고 싶다는 동기를 심어줄 수 있도록! 학생들이 배우는 학습량을 적정 수준으로 유지합니다. 초등학교 영어는 한 단원 내에서 핵심 문장 형식이 계속 반복되면서 새로 배우는 주요 어휘의 개수는 10개 내외, 연간 150여 개 내외의 어휘를 배우도록 학습의 양을 통제합니다. 이로써 학생들이 이전 시간에 학습한 내용을 자신감 있고 자연스럽게 듣고 말하고 읽고 쓰는 소통 중심의 활동을 할 수 있습니다. 하루에 단어를 몇십 개씩 외우고 단어 시험 보기가 루틴인 사교육을 경험한 학부모님은 학교에서 배우는 영어가 그저 쉬운 영어라고 속단하실 수 있습니다. 하지만 사실은 학생들이 영어에 가지게 되는 흥미와 자신감이 그 무엇보다 중요하기 때문에 학습 내용으로서의 교과가 아닌, 교감하고 소통하는 언어를 배워나갈 수 있도록 하는 것이 바로 학교에서 배우는 영어 활동들의 큰 특징이라는 것을 기억해 주시기 바랍니다.

TIP

2022 개정 영어과 교육과정 어휘 수		
과목명		어휘 수
초등학교	초등학교 3-4학년	300단어 이내
	초등학교 5-6학년	300단어 이내
		누계: 600단어 이내

(출처: 교육부, 2022, p. 48)

나를 표현할 수 있는, 삶 속에서 내뱉어 보는 영어

주요 표현을 새롭게 배우고 연습하는 과정을 거치고 난 후, 단원의 후반부에는 자신의 생각을 표현할 수 있는 창의적인 활동을 반드시 제공합니다. 학생들의 연령이나 영어 수준에 맞추어 단어, 어구, 문장 등을 사용하여 자신의 느낌, 생각, 기억, 상상력, 새로운 아이디어 등을 표현할 수 있는 다양한 활동을 제시하는 거죠. 내가 좋아하는 것을 표현하기, 과거에 내가 했던 일, 미래에 하고 싶은 일, 나의 일상을 소개하는 일 등, 초등학교 4년간 배운 문장들만으로도 학생들은 간단한 수준에서의 자기 생각을 창의적으로 말할 수 있습니다. 교과서 속 문장을 달달 외우거나 따라 말한 학습 경험만으로는 실생활 속에서 정말 해당 표현을 하고 싶을 때 밖으로 내뱉어 보기가 쉽지 않습니다. 그래서 수업 시간에 자신의 생각을 나타낼 수 있는 활동들을 함께 하는 것입니다.

마지막으로 학생들 스스로 배운 표현을 얼마만큼 알고 있는지 평가하고 교실 안에서 배운 내용을 밖에서도 활용해 볼 수 있는 계획을 세워 봅니다. 교실 안에서 연습하는 언어로만 머무르는 영어는 교과로서의 영어에 그치지만, 세상 속에서 소통하는 영어는 언어로서의 영어로 날개를 달 수 있으니까요.

나가기

초등학교에서 우리 학생들이 어떻게 영어를 배우고 있는지 안내한 이번 장의 내용을 요약해 보면 다음과 같습니다.

- 의사소통을 목표로 다양한 활동을 통해 단계적인 반복 학습
- 공감, 배려 등 정의적인 요소도 함께 강조하며 표현 연습
- 각자의 창의적인 생각을 담아 영어를 학생들 삶 속에서 활용

이러한 방법들을 통해 학생들이 교과로서 학습 내용으로만 갇혀 있는 영어를 넘어, 언어와 문화의 배경이 다른 세계인과 '소통의 언어'로 배울 수 있어야 합니다. 이를 위해 학생들이 기초적 영어 의사소통 역량과 새로운 외국어에 대한 흥미와 관심을 갖도록 하는 것이 초등 영어의 핵심입니다.

라. 초등 영어 수업 속 교실 영어?

들어가기

초등 영어 수업의 한 장면이에요. 선생님께서 학생들에게 "Are you done?"이라고 묻자, 활동을 마친 학생들이 뭐라 답했을까요? 네, 여기저기서 "Yes.", "I'm done.", "다 했어요." 등 학생들의 대답이 들려옵니다.

(출처: Midjourney 생성 이미지)

교실 영어란? 영어 수업에서의 의사소통 '수단'이다!

'교실 영어(Classroom English)'란 "학생에게 목표 언어를 가르치기 위하여 특정한 목적과 형태를 띠며, 수업의 절차를 이끌어 가고 수업 운영 및 관리에 필요한 교사가 수업 중에 사용하는 언어(서은실, 이완기, 2016, p. 160)"라고 할 수 있습니다. 교실 영어의 예시를 한번 살펴볼까요?

교실 영어 예시

- 인사를 나눌 때
  How are you today?
- 출석을 점검할 때
  Is everyone here?
- 칭찬을 해줄 때
  You did a good job!
- 주의 집중을 요청할 때
  Pay attention, please.
- 화면을 보라고 요청할 때
  Look at the screen.
- 따라 말하도록 할 때
  Listen and repeat after me.
- 그림 자료를 살펴볼 때
  What do you see?
- 그룹을 만들 때
  Let's make groups of four.

우리나라에서 영어는 언제부터 초등 교과목으로 도입되었고, 교실 영어는 어떻게 도입되었을까요?

우리나라에서는 1997년 초등 3학년부터 도입된 영어 교과목이 그 시작인데요. 초등 영어의 나이가 벌써 서른 살에 가까워지고 있네요. 그리고 초등 영어 교과목의 도입에 이어 시행된 교육부의 정책 중 하나가 바로 '영어로 진행하는 영어 수업(Teaching English in English, TEE)'입니다. 이는 수업에서 특히 교사의 교실 영어 사용을 강조하는 정책이었는데요. 추후 2008년에는 교사의 영어로 진행하는 영어 수업 능력을 평가하는 'TEE 인증제' 정책으로까지 발전하기에 이릅니다. 물론, 현재에는 'TEE 인증제'가 시행되지 않고 있지만, 이제 영어 수업에서의 교실 영어 사용은 자연스러운 수업의 일환으로 인식되고 있다 할 수 있습니다.

그런데 왜 초등 영어 수업에서는 우리말이 아닌, 교실 영어를 사용하는 걸까요?

그건 우리나라의 영어 교육 환경이 '영어를 외국어로 사용하는' EFL(English as a Foreign Language) 환경이기 때문입니다. 우리 아이들에게는 학교에서 영어를 배우는 것을 제외하고는 학교 밖 일상생활 속에서 영어를 자연스럽게 사용할 기회가 거의 없지요. 언어 교육에서 목표어를 습득, 혹은 학습하기 위해서는 목표어에 대한 방대한 노출과 목표어의 직접적인 사용이 중요한데요. 우리나라의 경우는 일상생활에서 노출 및 사용의 기회가 제한되어 있기 때문에 영어 수업에서만이라도 교실 영어의 활용을 통해 영어에 대한 노출과 사용의 기회를 늘려주고자 합니다.

TIP

- EFL(English as a Foreign Language): 우리나라, 중국, 러시아 등과 같이 영어를 일상생활에서 사용하지 않고, 학교 교과목 등을 통해 외국어로 배우는 상황
- ESL(English as a Second Language): 인도, 싱가포르, 필리핀 등과 같이 영어를 모국어로 하지는 않지만, 일상생활에서 제2언어로 활발히 활용하는 상황

그러면 초등 영어 수업이 100% 교실 영어로만 진행될까요?

물론, 그렇지는 않습니다. 교사의 교실 영어, 그리고 학생의 교실 영어 활용은 권장되지만, 그 핵심은 학생들의 영어 능력 수준을 고려하여야 한다는 것입니다. 학생들의 영어 능력과 교실 영어에의 친숙도를 파악하여 교사가 그에 알맞은 교실 영어와 우리말 사용의 비율(예: 교실 영어 : 우리말 = 50 : 50 혹은 30 : 70)을 수업에 적용하는 것이 중요하지요.

잠깐, 학생 교실 영어? 그러면 영어 수업에서는 학생들도 교실 영어를 써야 하나요?

학생들이 반드시 교실 영어를 사용하도록 해야 하는 것은 아닙니다. 다만, 흔히 교실 영어를 떠올리면, 학생들의 영어에 대한 노출(input)을 위해 교사의 교실 영어에만 초점을 맞추는 경향이 있습니다. 그러나 학생들 스스로의 직접적인 영어 발화(output) 및 사용의 기회를 늘리는 측면에서는 학생들의 교실 영어에도 관심을 둘 필요가 있어요. 예를 들어, "I'm done.", "I don't understand.", "Can you help me?", "May I go to the restroom?" 등 실제적이고 의미 있는 맥락 속에서 교실 영어를 반복적으로 활용하게 하면, 영어 자신감을 기를 수 있겠지요.

일반 영어와 교실 영어는 같으면서도 달라요!

선생님께서 교실 영어를 활용하여 수업을 진행하다 보면, 학생들로부터 가장 많이 받는 요청 중 하나가 영어 말고 우리말로 수업을 해 달라는 것입니다. 선생님 입장에서는 교실 영어를 활용하여 학생들이 최대한 많이 영어에 노출되도록 해주고 싶지만, 학생들 입장에서는 때론 이해가 되지 않아 답답하겠지요.

선생님: Let's start the activity. Are you ready?
하　준: 저, 선생님~ 영어 말고, 우리말로 말씀해 주시면 안 될까요?
민　아: 영어 시간에는 왜 영어를 써야 해요?

(출처: Canva 생성 이미지)

이런 경우 선생님들은 어떻게 상황을 해결해 나갈까요?

우리가 생각하는 일반적인 영어와 교실 영어가 서로 다른 것은 아니지만, 교실 영어에는 그만의 특성이 있습니다. 그래서 학생들과의 원활한 상호 작용 및 의사소통을 위해서는 교실 영어만의 특성을 잘 살릴 필요가 있는데요. 그 특성으로는 'easy and clear, simple and short, fixed and repeated' 등을 들 수 있겠습니다. 교실 영어는 학생들의 영어 능력 수준에 맞추어 어휘 등이 매우 쉽고 명확합니다. 또한 단순하고 짧은 문장 구조를 지니고 있고요.

수업의 장면(예: 인사하기, 칭찬하기, 그룹 나누기 등)에 따라 비교적 고정되고 반복된 표현을 활용하여 학생들의 이해를 돕는 것이 그 특성이라 할 수 있습니다.

혹 'Caregiver Speech' 또는 'Foreigner Talk'라는 말을 들어보셨나요?

마치 엄마가 이제 막 말을 배우기 시작하는 아이에게 말을 하듯, 혹은 원어민이 영어가 서툰 외국인에게 말을 건네듯, 쉽고 단순한 어휘와 문장 구조, 다소 느린 말의 속도와 명확한 발음 등을 통해 상대방을 고려하여 자신의 말을 상대방이 이해하기 쉽도록 조정하는 것이지요. 교사의 교실 영어도 학생들의 이해를 돕고 영어 능력 수준을 적극 고려해야 하기 때문에 이들과 유사한 성격을 지니고 있다 할 수 있습니다.

부모님들께서는 가정에서 아이들에게 어떻게 영어를 지도하시고 사용하시나요?

미국의 심리학자인 Albert Mehrabian과 동료들(1967)에 따르면, 감정이나 태도가 중심이 되는 의사소통에서 청자들은 대략 언어에 7%, 목소리 같은 음성적 요소에 38%, 그리고 얼굴 표정에 55% 정도의 비중을 둔다고 합니다. 이를 일반적인 의사소통 상황으로 확장시켜 보면, 의사소통에서의 의미 전달이란 단순히 언어만으로 이루어지는 것이 아닌, 다른 준어적 요소(목소리의 높낮이와 크기, 말의 속도 등)와 비언어적 요소(얼굴 표정, 몸짓 등) 또한 중요하다는 의미일 것입니다. 이를 고려하면, 수업에서 교사의 교실 영어뿐만 아니라, 가정에서 아이들을 대상으로 하는 부모님의 영어 사용에서 언어적 요소만큼이나 중요한 것이 바로 비언어적·반언어적 요소의 적극적인 활용일 것입니다. 부모님께서 아이들과 영어로 의사소통을 하실 때, 눈 마주침, 얼굴 표정, 몸짓, 목소리의 크기와 높낮이, 말의 속도 등의 요소들을 한번 적극적으로 고려 및 활용해 보시면 어떨까요?

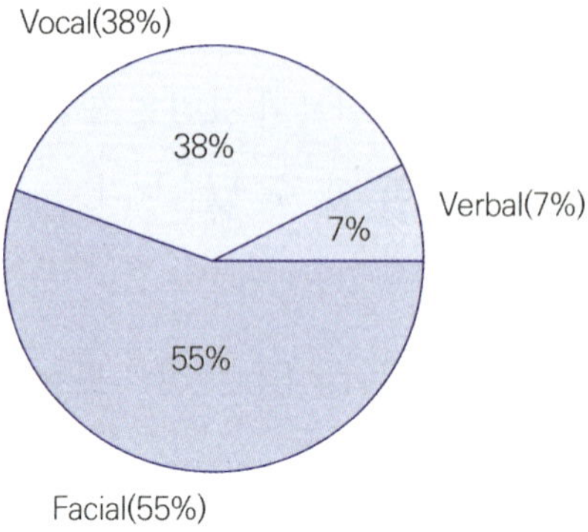

(출처: ChatGPT 생성 이미지)

TIP

EFL 교실 상황에서 Caregiver Speech, Foreigner Talk와 같은 교사의 언어 사용을 찬성하는 입장도 있지만, 반대하는 입장도 있어요.

- 찬성: 학생들에게 '이해 가능한 언어 입력(comprehensible input)'을 제공함. 쉽고 간결화된 영어는 학생들의 영어에 대한 불안감을 낮추고 정서적 안정감을 제공함
- 반대: 단순화로 인해 실제 영어 및 영어 사용과의 간극을 불러일으킴, 단순화로 인한 비문법적 표현에 노출될 가능성도 있음

나가기

여기에서는 첫째, 교사의 교실 영어란 수업 운영 및 관리 등 수업을 이끌어 가는 데 사용되는 영어를 의미하며, 교사의 교실 영어 활용과 함께 학생의 교실 영어 활용도 중요하다는 점을 이야기 나누었습니다. 둘째, 교실 영어의 특성으로는 쉽고 명확한 어휘, 단순하고 짧은 문장 구조, 고정적이고 반복적으로 표현을 사용한다는 점을 이야기 나누었습니다. 초등학교 3-6학년 자녀가 있으시다면, 다음 내용을 함께 이야기 나눠보시는 것은 어떨까요?

- 영어 수업 시간에 선생님께서 교실 영어로 말씀하시니?
- 네가 수업에서 사용하는 교실 영어가 있다면 말해 볼래?
- 혹 선생님의 교실 영어 중에 네가 이해할 수 없는 것이 있을까?

마. 주어, 동사, 목적어가 없는 초등 영어 수업?

들어가기

제가 영어를 처음 접했던 건 중학교 입학을 앞둔 6학년 겨울 방학 때였습니다. 중학교 입시 학원에서였는데, 알파벳과 발음 기호를 익힌 후 곧장 이어서 배운 것이 8품사였습니다. 그 개념이 너무 어려워 곤혹을 치렀던 기억이 생생합니다. 현재 초등 영어 교육과정에서는 이러한 명시적인 문법 지도의 내용을 다루지 않습니다. 그러니 교과서나 실제 수업에서도 당연히 문법적인 용어는 찾아볼 수가 없지요. 그렇다면 초등학교 영어 수업에서는 문법 지도를 하지 않는 것일까요? 이 부분과 관련된 궁금증을 해소해 드리겠습니다.

초등 영어 수업 시간에 문법 지도는 배제된 것일까요?

영어 문법 지도 방법은 크게 두 가지로 나눌 수 있습니다. 하나는 명시적인 문법 지도(Explicit Grammar Instruction) 방법이고, 다른 하나는 암시적 문법 지도(Implicit Grammar Instruction) 방법입니다. 명시적인 문법 지도 방법은 교사가 문법 규칙을 직접적으로 설명하고, 학습자가 이를 의식적으로 학습하는 방식을 말합니다.

예를 들어, '조동사 뒤에는 동사원형이 온다', '주어가 3인칭 단수일 때는 동사원형에 -s 또는 -es를 붙인다'와 같은 규칙을 명확히 가르치는 형태이지요. 반면, 암시적 문법 지도 방법은 문법적 용어를 사용하여 규칙을 직접 설명하지 않고, 학습자가 입력(input)이나 과업(task) 등을 통해 자연스럽게 규칙을 발견하거나 내면화하도록 하는 방식입니다.

예를 들어,
"I can swim."
"I can jump."
"I can dance."
와 같은 문장을 반복해서 접하는 과정에서 조동사 뒤에는 동사원형이 온다는 규칙을 자연스럽게 익히게 되는 것이지요.

초등 영어 교육과정에서의 문법 교육은 명시적이기보다는 암시적인 방법에 무게를 두고 설계되었습니다. 그 이유는 크게 네 가지 정도로 설명할 수 있습니다.

첫째, 영어과 교육과정의 궁극적인 목표는 '세계인과 영어로 의사소통하는 역량을 기르는 것'입니다. 단순한 언어 지식 습득을 넘어 실생활 맥락 속에서 영어를 이해하고 표현하며 상호 작용할 수 있는 능력을 기르는 것을 목표로 삼고 있지요. 쉽게 말해서, 영어로 듣고, 말하고, 읽고, 쓰는 실생활 언어 사용 능력을 키우는 것이 핵심이라는 뜻으로 해석됩니다. 이러한 교육 철학에는 문법 규칙을 자연스럽게 탐구하며 의미를 파악하는 암시적 문법 교육이 더욱 적절하다고 봐야 할 것 같습니다.

둘째, 학생들의 발달 단계를 고려해 보았을 때 초등학생은 추상적인 개념을 체계적으로 이해하기에는 인지 발달상 어려울 수 있습니다. 이 시기에는 문법적인 설명보다는 반복 노출과 패턴 인식을 통해 언어를 배우는 것이 보다 효과적이지요. 우리의 모국어를 학습하는 국어 교육에서도 중학년이 되어서야 주어와 동사를 구분하는 '문장의 짜임'을 배우기 시작하고, 이와 관련한 구체적인 문법 용어는 고학년에서 다룹니다. 모두 학생들의 인지 발달 단계를 고려한 내용 설계이지요.

셋째, 초등 영어 교육과정은 학생들의 '흥미'를 중요시합니다. 문법 위주의 수업은 자칫 지루하게 느껴질 수 있고, 이는 학습에 대한 흥미의 저하로 이어질 수 있기 때문에 초등 영어 수업에서는 지양하고 있습니다. 이에 초등에서는 놀이, 노래, 게임, 상황극, 프로젝트 등을 활용한 언어 활동이 중심이 되도록 구성되어 있지요.

넷째, 초등 영어 교육과정상 문법은 의사소통 능력을 돕는 보조 수단으로 여겨집니다. 즉, 유창한 의사소통 능력을 뒤에서 지원하는 역할이라고 볼 수 있지요. "What did you do during your vacation?"이라는 문장을 가르치는 상황을 예로 들어보겠습니다. 이 문장의 짜임을 설명하며 '의문사', 과거형 의문문을 만드는 '조동사'로서의 did, 그 뒤에 따라오는 '동사원형' 등의 문법 용어로 접근하기보다는, 방학을 마치고 난 후에 주고받는 의사소통 상황에서 필요한 문장 패턴으로 익힐 수 있도록 교육과정 및 수업 내용을 구성한다는 의미입니다.

명시적인 문법 교육 없이도 의사소통 능력 향상이 가능할까요?

우리가 모국어를 습득하는 과정을 떠올려 봅시다. 옹알이를 하고, 양육자로부터 받은 다양하고 많은 양의 언어 입력을 바탕으로 '엄마', '맘마', '아빠', '까까' 등을 말하기 시작했습니다. 한 마디가 두 마디가 되고, 문장으로 점차 확장되어 우리는 유창하게 말하게 되었지요. 즉 모국어를 배울 때를 생각해 보면 인간은 문법 규칙을 따로 학습하지 않아도 언어를 익힐 수 있다는 것을 알 수 있습니다.

그 과정을 모방하여, 초등 영어에서도 반복, 듣기, 말하기 등의 활동을 통해 자연스러운 언어 습득을 유도합니다. 즉, 말의 '정확성'보다는 '유창성'에 무게를 둡니다. 말이 얼마나 정확하느냐보다는 상황에 맞추어 말하고 반응할 수 있는 능력에 더 초점을 맞추는 것이지요. Nazari(2013)의 연구에 따르면, 초등학생 이하의 아동을 두 그룹으로 나누어 암시적 문법 교육과 명시적 문법 교육을 실시하여 수용적(receptive) 및 생산적(productive) 언어 능력의 효과를 살펴보았는데, 전반적으로 암시적 문법 교육의 방법이 더 유리한 결과를 보였습니다. 이 연구는 초등학교 수준의 아동에게는 암시적 문법 교육이 더 효과적임을 시사합니다. 문법 규칙을 의식적으로 학습하기보다는 자연스러운 언어 사용을 통해 문법을 습득하는 경향이 강하기 때문이지요. 반면, 학습자의 연령이 높아져 비교적 복잡한 문형을 익힐 때는 명시적 문법 교육이 학습에 더욱 효과적임을 연구자는 말합니다.

초등 영어 수업에 등장하는 문법 요소에는 어떤 것들이 있을까요?

초등 영어 수업에 등장하는 주요 문법 요소에 대해 3-4학년군과 5-6학년군으로 나누어 살펴보겠습니다.

먼저 3-4학년군은 영어 학습의 시작 단계로, 명사, 대명사, 동사, 형용사 등 문장의 기본 구성 성분을 다양한 맥락에서 자연스럽게 익히게 됩니다. 3-4학년 교과서에서 주로 다루어지는 의사소통 기능문을 토대로 도출한 문법 요소는 다음과 같습니다.

〈표 3-7〉 3-4학년 초등 영어 수업에서 주로 등장하는 문법 요소

문법 요소	예
평서문(긍정문)	I **like** salad.
평서문(부정문)	I **don't like** pizza.
의문문	**Are you** happy?
긍정 명령문	**Sit** down, please.
부정 명령문(금지문)	**Don't** run!
청유문(명령문의 변형)	**Let's** play soccer.
조동사(능력 표현)	**Can** you swim? / I **can** climb.
현재 시제	I **get** up early.
현재 진행형	I**'m cooking**.
Be 동사	I **am** Judy. / You **are** my friend. He **is** Tom.
일반 동사	I **ride** a bike. **Open** the door, please.
명사	She is my **mom**. This is your **pencil**.

문법 요소	예
대명사	I, you, she, he, it, they
소유 대명사	This is **my** pencil. That's **his** picture.
의문사	**What**'s your name? **Who** is she?
관사/정관사	I have **a** pencil. It's on **the** bed.
전치사	in, on, under
형용사	I'm **hungry**. It's **sunny**.

5-6학년군에서는 미래 시제와 과거 시제를 배우고, 접속사, 비교급, 복수형 등 조금 더 복잡한 유형의 문법 요소를 다룹니다. 3-4학년군에서 학습한 내용을 바탕으로 더욱 확장된 표현을 나선형으로 익힌다는 점 또한 특징이라고 할 수 있습니다. 5-6학년 교과서에서 주로 다루어지는 의사소통 기능문을 토대로 도출한 문법 요소는 다음과 같습니다.

〈표 3-8〉 5-6학년 초등 영어 수업에서 주로 등장하는 문법 요소

문법 요소	예
단수와 복수	How much **are these** socks?
미래 시제	I **will** go camping. I'**m going to** walk the dog.
과거 시제	I **went** to the beach. It **was** great.
감탄문	**How nice!**

문법 요소	예
복합문	**I think it's** difficult. **I think she's** sleeping.
빈도 부사 (빈도 표현)	I **always** have breakfast. Brush your teeth **three times** a day.
접속사	Go straight **and** turn left. I'm sad **because** my dog is sick.
비교급	I'm fast**er than** you.
기수와 서수	I exercise **six** times a week. I'm in the **sixth** grade.
정관사	What's in **the** bathroom?
조동사	What **will** you do this summer? You **should** get some rest.
전치사	at, in front of, behind, next to, between
동명사	I like **drawing** pictures. How about **turning** off the water?
3인칭 단수	**Jina** likes apples. **He has** a pencil.
고유 명사	**J**anuary, **F**ebruary, **M**arch … (첫 글자는 대문자)

초등에서 문법을 녹여내는 수업 전략에는 어떤 것이 있나요?

먼저, 문장 패턴을 반복적으로 노출하는 전략(Input Flood)이 있습니다. 특정 문법 구조를 가진 문장을 자주 반복해서 노출시켜 구조를 자연스럽게 익히게 하는 것을 목표로 하지요.

〈예시 1〉

목표: Can you ~? (요청 표현)
활동: 교사가 다양한 상황을 제시하며 반복 노출하기
예시: "Can you close the window?"
"Can you pass me the book?"
"Can you help me?"

학생들이 듣고 따라 말하거나, 자신의 상황에 맞게 응용하는 방식으로 활용되며, 문법 용어 없이도 구조가 귀에 익숙하게 들리고 입에 자연스럽게 붙는다는 장점이 있습니다.

두 번째로는 역할극과 상황극(Role Play & Simulation)을 활용하는 전략입니다. 이는 문법 구조를 실제 대화에 넣어 사용하게 하는 것을 목표로 하며 학생들에게 문장을 의사소통의 수단으로 사용하면서 자연스럽게 문법을 내면화시킬 수 있다는 장점이 있습니다.

〈예시 2〉

문법: Do you like ~? / I like ~ / I don't like ~
활동: 친구의 음식 취향을 알아보는 인터뷰를 진행하기, 대사 예시를 제공하고 필요시 자기 문장을 만들어 활용하기
예시: A: Do you like pizza?
B: Yes, I do. I love it!
A: What about kimchi?
B: No, I don't.

세 번째는 문장 재구성 활동(Sentence Puzzle)입니다. 이 전략을 통해 학생들은 문장을 구성하는 요소(어순, 문법 구조 등)에 대해 직관적으로 이해할 수 있으므로 암시적으로 문법 규칙을 체득할 수 있습니다.

〈예시 3〉
문법: 의문문 어순 (Do/Does + 주어 + 동사) 활동: 단어 카드를 나눠주고, 순서대로 배열하기, 올바른 문장을 만들고 서로 질문하고 대답하기 예시: [you] [Do] [soccer] [play] → Do you play soccer?

네 번째는 노래와 찬트(Songs & Chants)를 활용하는 것입니다. 노래나 찬트를 활용하면 리듬과 멜로디로 기억에 오래 남고, 학생들은 문장 구조를 자연스럽게 익힐 수 있게 되지요.

〈예시 4〉
목표: 현재진행형 (I am ~ing) 활동: 특정 문법 구조가 포함된 문장을 노래로 익히도록 하기 예시: "What are you doing?" 찬트 → "I am running, I am jumping …" (몸동작과 함께 반복)

마지막으로 소개할 전략은 문법 요소에 대한 '암시적 피드백'을 제공하는 것입니다. 즉, 학생의 문법적 오류를 직접 교정하기보다는 올바른 표현으로 자연스럽게 되돌려주는 방식입니다. 학생들

은 심리적 부담을 느끼지 않으면서 오류를 스스로 인식하고 수정할 수 있게 되지요.

〈예시 5〉
목표: 오류 수정 활동: 문법적 오류를 올바른 표현으로 되돌려주기 예시: (학생) He go to school. (교사) "Ah! He goes to school? That's right!"

나가기

초등 영어 교육과정은 문법 교육을 배제한다기보다는, 문법을 자연스럽게 습득할 수 있도록 암시적 교육의 방법으로 설계되어 있습니다. 이는 학생들의 발달 단계를 배려하여 그들이 즐거우면서도 효과적으로 영어 의사소통 역량을 신장시킬 수 있도록 심도 있는 고민을 기저에 두고 접근했다고 느껴집니다. 그 결과 적어도 우리가 영어를 처음 접할 때 문법을 마주하며 느꼈던 고뇌를 우리 아이들은 느끼지 않게 될 테니까요. 초등 영어 교육에서의 암시적 문법 교육, 우리 아이들이 자연스럽게 영어 의사소통 능력을 향상시킬 수 있도록 안 보이는 곳에서 든든하게 지원하고 있음을 기억해 주세요.

제 4 장

우리 아이와 함께 영어를 -교과서 활용

가. 파닉스가 뭐길래 우리 아이도 파닉스를?

들어가기

파닉스(Phonics)는 소리와 철자 사이의 규칙을 말하며 파닉스 지도는 소리와 철자와의 관계를 가르치는 읽기 지도 방법입니다. 파닉스의 목적은 학생들이 철자를 보고 발음을 예측할 수 있게 해 주는 것입니다. 그러나 파닉스는 단어의 뜻까지 이해해야 하는 것은 아니므로 아이들이 파닉스를 학습할 때는 소리와 철자와의 관계를 아는 정도로만 학습을 하면 됩니다.

파닉스 규칙을 따르지 않는 단어들도 많은데 꼭 파닉스를 가르쳐야 할까요?

영어를 모국어로 사용하는 미국에서는 읽기 지도에서 파닉스를 가르칠 것인지 말 것인지에 대하여 첨예한 대립이 있어 왔습니다. 파닉스를 가르치자고 주장하는 학자들은 먼저 단어를 읽을 수 있어야 문장의 의미를 파악할 수 있다고 주장합니다. 반대 입장을 취하는 학자들은 읽기란 문자 해독이 아니라 문자에서 의미를 파악하는 과정이며, 파닉스 규칙에는 예외가 너무 많고, 또한 읽기를 많이 하다 보면 저절로 파닉스 규칙을 터득하기 때문에 파닉스 규칙을 따로 가르칠 필요가 없다고 주장합니다.

영어를 모국어로 사용하는 학생들은 음성 언어를 먼저 익힌 다음에 문자를 소리 내어 읽기만 하면 되는 입장이므로 부모가 동화책을 많이 읽어준 학생들의 경우에는 파닉스를 가르치지 않아도 스스로 깨우쳤다고 합니다. 그러나 실험 결과 영어를 모국어로 사용하지 않는 우리나라 학생들의 경우에는 파닉스 규칙을 명시적으로 가르쳐 주지 않으면 스스로 터득하기 어렵기 때문에 기본 규칙은 초등학교에서 가르쳐 주는 것이 훨씬 효과적이라고 합니다.

TIP

- 파닉스: 소리와 철자와의 관계를 지도하는 것으로, 읽기 과정의 일부임
- 발음: 입과 혀를 움직여 언어의 소리를 음성화하는 것이므로 말하기와 관련이 있음

파닉스를 적용할 때 자음과 모음 중 어느 것을 먼저 지도하는 것이 좋을까요?

파닉스 기법 활용 시 모음보다는 자음 지도부터 시작하는 것이 좋습니다. 그 이유는 자음이 소리를 내는 위치가 비교적 정확하며 대체로 소리와 철자와의 일대일 대응이 잘 되기 때문입니다. 반면 모음은 입 안에서 소리 나는 위치가 혀의 높낮이, 입의 모양, 긴장 또는 이완의 정도에 의해서 정해지기 때문에 지도하기가 쉽지 않습니다. 게다가 하나의 모음이 다양한 소리를 내기 때문에 소리와 철자의 일대일 대응 지도가 어렵습니다. 그러므로 파닉스 기법을 적용할 때는 알파벳 순서대로 하는 것보다는 소리와 철자의 일대

일 대응이 비교적 잘 이루어지는 자음부터 시작해서 모음의 대략적인 음가를 익힌 다음에 각운을 활용하는 것이 좋습니다.

자음을 지도할 때는 소리와 음가의 대응 관계를 고려하여 일대일 대응 관계가 잘 이루어지는 자음부터 지도합니다. 즉 규칙 자음, 불규칙 자음, 혼성 자음, 이중 자음 등의 순서로 지도합니다.

모음을 지도할 때는 단모음, 장모음, 복모음, 이중 모음의 순서로 지도할 수 있습니다.

파닉스는 어떤 순서로 지도하는 것이 좋을까요?

영어 파닉스 지도는 아이들이 소리와 글자를 연결하여 읽기와 쓰기를 할 수 있도록 도와주는 과정입니다. 파닉스를 지도할 때는 크게 소리 인식 → 알파벳 소리 학습 → 소리 합치기 → 소리 나누기 → 확장 학습의 순서를 따르는 것이 효과적입니다.

먼저, 소리 인식 단계에서는 아이들이 주변에서 들을 수 있는 다양한 소리에 주의를 기울이도록 합니다. 예를 들어, 물소리를 흉내 내거나, 노래와 찬트를 활용하여 리듬 속에서 첫소리(beginning sound)를 구별하게 할 수 있습니다. 이 단계는 글자를 배우기 전에 소리에 대한 민감성을 키우는 데 목적이 있습니다.

다음으로, 알파벳과 소리의 대응 관계를 가르칩니다. 이때는 단모음(a, e, i, o, u)과 자음을 중심으로, 글자를 보면서 동시에 그에 해당하는 소리를 듣고 말하는 연습을 합니다. 플래시 카드, 그림 자료, 제스처 등을 함께 활용하면 효과가 큽니다.

그다음 단계는 블렌딩(blending)입니다. 이는 낱개의 소리를 이어서 단어로 읽는 훈련을 의미합니다. 예를 들어 /c/ /a/ /t/ 소리를 차례로 이어 말하며 cat이라는 단어를 완성하도록 하는 것입니다. 처음에는 CVC(자음-모음-자음) 구조의 단어부터 시작하는 것이 좋습니다.

또 하나 중요한 과정은 분절(segmenting)입니다. 이는 단어를 다시 소리 단위로 나누는 연습입니다. 예를 들어 dog이라는 단어를 /d/ /o/ /g/처럼 분리해서 발음해 보는 것입니다. 이때 손뼉치기, 블록이나 칩을 이용한 활동을 통해 아이들이 더 쉽게 이해할 수 있습니다.

기초 단계가 안정되면 확장 학습으로 넘어갑니다. 여기서는 장모음과 이중 모음(ai, ee, oa 등), 자음군(bl, st, sh, ch, th 등), 그리고 규칙에 맞지 않는 불규칙 단어(the, said 등)를 지도합니다. 파닉스로 읽을 수 없는 단어는 시각 어휘(sight words)로 반복 노출하여 익히게 합니다.

마지막으로, 파닉스 지도는 단순한 반복이 아니라 즐겁게 배우는 활동과 결합될 때 효과가 큽니다. 노래와 찬트를 활용하고, 빙고나 단어 매칭 같은 게임을 곁들이며, 파닉스 리더스 책을 활용해 읽기를 확장하면 아이들이 흥미를 잃지 않고 학습을 이어갈 수 있습니다. 쓰기 활동 역시 병행하여 단어 쓰기, 받아쓰기, 단어 만들기 활동을 해 나가면 읽기와 쓰기를 함께 발전시킬 수 있습니다.

사이트 워드(sight words)란 무엇인가요?

사이트 워드는 시각 어휘 또는 일견 어휘로 번역되며, 이는 파닉스 규칙에 맞지 않지만 읽기 중에 자주 등장하는 어휘를 의미합니다. 그래서 이런 사이트 워드는 읽는 순간 의미 파악이 가능하여 의도적으로 뜻을 알려고 노력하지 않아도 되는 어휘입니다. 이에 해당하는 어휘로는 a, an, is, are, was, were, come, if 등이 있습니다. 사이트 워드 학습 방법은 눈으로 보고 있는 상태에서 반복하여 소리 내어 읽는 것이며, 시각과 청각을 통하여 단어를 연상적으로 기억하게 하는 방법을 적용합니다.

구체적인 파닉스 지도 방법에는 어떤 것들이 있을까요?

1) 파닉스빌더 활용하기

[그림 4-1] 파닉스빌더

(출처: https://www.yes24.com/product/goods/2837945)

2) 최소대립쌍(minimal pairs) 활용하기

- 한 개의 음소를 제외한 모든 부분이 동일한 두 단어를 활용

• 최소대립쌍에서 동일하지 않은 소리가 앞에 있을 때 각운(rhyme)을 형성한다고 함

Minimal Pairs

the /i/ sound	the /I/ sound
sleep	Slip
peach	Pitch
Beat	Bit
heel	Hill
skied	Skid
scene	Sin
reach	Ridge
leaving	living

[그림 4-2] Minimal Pairs 예시

(출처: https://englishphonetics.net)

[그림 4-3] 이야기책을 활용한 라임 예시

(출처: Dr. Seuss, 1963, pp. 8-9)

3) 스토리북 활용하기

- 각 알파벳이 사용된 단어들을 반복적으로 학습 가능
- 비슷한 소리를 내는 단어들이 반복되기 때문에 운율이 느껴지며 학생들이 흥미를 가질 수 있음
- 그림과 함께 제시하여 학습에 대한 부담감을 줄이고 흥미를 높임

4) 온라인 사이트 활용하기

- Alphablocks, Starfall, Jolly Phonics 활용

5) Zoo Phonics 활용하기

- 각 알파벳이 아이들이 좋아하는 동물들의 첫소리들로 구성되어 있으며 기억술(Mnemonics)을 이용한 파닉스 학습법

나가기

파닉스는 영어를 처음 접하는 아이들에게 소리와 철자의 관계를 이해하게 함으로써 학습자 스스로 새로운 단어를 해독할 수 있는 힘을 길러 줍니다. 아이들이 파닉스를 통해 기본적인 소리와 철자의 관계를 익히게 되면 이에서 더 나아가 복잡한 단어와 문장들을 읽고 그 의미를 파악하고 이해하고자 노력하게 될 것입니다. 그러므로 파닉스는 단순한 지식의 습득을 넘어, 영어 학습에 있어서 자신감과 동기를 높여주고, 나아가 독립적인 학습자로 성장하게 해 주는 중요한 역할을 한다고 할 수 있습니다.

나. 영어 단어 공부, 즐겁게 하는 방법이 있다는데?

들어가기

영어 단어 공부라고 하면 지루하거나 어렵다는 생각부터 하기 쉽습니다. 글을 읽다가 모르는 단어라도 나오면 흥미가 떨어져 끝까지 읽기를 포기하기도 합니다. 그렇지만 아이가 영어 단어와 친숙해지는 방법은 여러 가지가 있습니다. 영어 그림 사전 활용, 플래시 카드를 이용한 사이트 워드 학습, 말뭉치 학습 등으로 아이들이 영어 단어 공부에 즐겁게 몰입하는 방법을 살펴볼까요?

영어 그림 사전, 이렇게 활용해 보면 어떨까요?

알파벳 순서로 단어와 예시 문장이 빽빽하게 들어선 사전은 어른도 보기 힘들 때가 많죠. 하지만 아이들을 위한 영어 그림 사전은 다릅니다. 아이들이 좋아하는 다양한 그림과 사진이 가득하고, 이를 통해 단어의 의미를 직관적으로 이해할 수 있습니다.

그림 사전에서 'banana'라는 단어를 찾으면 노란 바나나 그림이 있어 머릿속에 'banana'라는 단어와 '노란 바나나' 이미지가 동시에 저장됩니다.

(출처: 그림으로 보는 낱말 사전 한글 영어 300)

시중에 나와 있는 그림 사전은 종류가 다양합니다. 그림과 단어, 단어 아래 간단한 예문으로 이루어진 사전도 있고, 주제별로 단어

[그림 4-4] 단어와 예문
(출처: 하루하루 첫 그림 영어 사전)

[그림 4-5] 주제별 단어 제시
(출처: 이미지로 기억하는 영어 단어 그림 사전)

[그림 4-6] 단어와 관련 이야기
(출처: 스토리로 읽는 어린이 첫 그림 영어 사전)

[그림 4-7] 세이펜 활용
(출처: 와이즈 픽처북 그림 사전)

를 묶어서 제시하는 사전도 있습니다. 단어와 관련된 이야기로 이루어진 사전도 있지요. 세이펜(말하는 전자펜)을 활용할 수 있는 사전의 경우 그림이나 단어를 누르면 원어민의 음성을 들을 수 있어 정확한 발음을 익히는 데 도움이 됩니다.

다양한 그림 사전 중에서 아이의 학년, 수준에 맞는 것을 선택하고 매일 꾸준히 그림 사전을 활용해 보세요. 아이가 좋아하는 주제부터 시작해서 범위를 넓혀 나가거나 하나의 주제를 깊이 파고들면 더 많은 어휘를 접할 수 있고 영어에 대한 자신감도 커질 것입니다. 그렇다면 집에서 할 수 있는 그림 사전 활용법에는 무엇이 있을까요?

★ **찾기 놀이:** 그림 사전에서 특정 단어를 찾는 놀이입니다. "Find the word, 'dog'!"라고 말하면 아이는 사전에서 강아지 그림과 단어를 찾는 것입니다. 사전에 갈색 강아지 그림이 있다면 "It's a brown dog."라고 말하며 색깔 단어를 자연스럽게 말해줍니다.

★ **분류하기 놀이:** 알파벳순으로 되어 있는 그림 사전의 경우, 단어들을 주제별로 분류해 보는 것도 좋습니다. dog, cat, pig, cow 등의 단어를 'animal'이라는 단어로 묶고, cake, pizza, chicken, bread 등은 'food'라는 단어로 묶으며 범주화를 해보면 단어 간의 의미 관계를 파악할 수 있습니다.

★ **문장 만들기:** 그림 사전을 펼쳐놓고 "The cat is in the park." 와 같이 그림에 어울리는 문장을 아이와 함께 만들어 보세

요. "The cat is running!"처럼 동작을 설명하는 문장을 만들 수도 있습니다.

★ **그림 사전 만들기:** 사전에서 마음에 드는 단어를 골라 직접 그림을 그려보고 그림 아래 영어 단어를 함께 적어 자신만의 그림 사전을 만들어 보면 단어를 더 오래 기억할 수 있겠지요.

플래시 카드로 사이트 워드(sight word)와 친해져 볼까요?

사이트 워드란 가장 흔히 활용되는 단어이자 아이들이 보자마자 바로 읽고 의미를 파악해야 하는 단어입니다. 아이들이 'the, is, and, it' 등과 같은 사이트 워드를 문자 언어로 접할 때 그 뜻과 발음을 하나로 받아들일 수 있도록 해야 하는데 이때 플래시 카드는 효과적으로 활용될 수 있지요.

TIP

Quizlet, Wordwall과 같은 온라인 학습 도구를 활용하여 플래시 카드를 손쉽게 만들 수 있답니다.

플래시 카드는 특정 대상을 인식할 때 언어와 이미지를 동시에 사용함으로써 학습 효과를 높일 수 있습니다. 이는 작동 기억(working memory)의 부담을 줄여주고 언어 정보 내용을 장기간 기억(long-term memory)할 수 있도록 도와줍니다.

[그림 4-8] 플래시 카드

(출처: 똑쟁 낱말 카드)

플래시 카드를 활용해서 사이트 워드를 많이 익혀두면 아이는 긴 글이나 복잡한 문장도 빠르게 읽어나갈 수 있습니다. 그렇다면 플래시 카드를 활용한 놀이에는 어떤 것이 있을까요?

★ 숨은 카드 찾기: 보물찾기 놀이처럼 집 안 구석구석에 플래시 카드를 숨겨두고 찾은 카드에 적힌 단어를 말해 보도록 하는 놀이입니다. 놀이를 시작하기에 앞서 부모가 아이에게 "Let's find the word, 'friend'!"라고 말해주고 해당 단어를 찾게 할 수도 있습니다.

★ 카드 고르기 게임: 플래시 카드를 여러 장 펼쳐놓고 "Find the word, 'we'!"라고 말하면 아이가 해당 카드를 찾아야 합니다. 게임에 조금 더 긴장감을 주고 싶다면 시간 제한을 두는 것도 좋습니다. 거꾸로 아이가 카드를 들고 "What is this word?"라고 부모에게 물어보면 답을 하는 식으로 역할을 바꿔 연습할 수도 있습니다.

★ 문장 만들기 게임: 여러 개의 플래시 카드를 고른 뒤 카드를 이용해 문장을 만들어 볼 수 있어요. 'I, cat, see' 카드를 골랐다면 "I see my black cat."처럼 카드를 이용해 문장을 만들어 보게 하세요. 아이가 알고 있는 단어와 새로운 단어를 조합하면 문장 구성 능력도 좋아지겠죠. 응용 버전으로 가족 구성원들이 함께 릴레이 문장 만들기도 할 수 있답니다.

말뭉치(Chunk) 학습, 왜 효과적일까요?

개별 단어를 따로 외우는 것보다는 단어 덩어리로 공부하는 것이 훨씬 효율적입니다. 우리는 이런 단어 덩어리를 말뭉치라고 부르는데, 여러 단어가 뭉쳐서 하나의 덩어리처럼 쓰이는 의미 단위라고 할 수 있습니다.

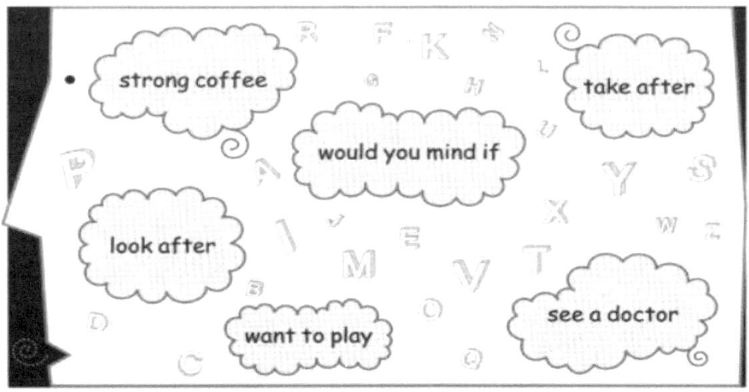

[그림 4-9] 다양한 말뭉치(Chunk)

(출처: '청크' 외우면 콩글리시 뚝!, 서울신문)

예를 들어, 'take'라는 단어는 「take a picture(사진을 찍다)」, 「take a walk(산책을 하다)」, 「take a nap(낮잠을 자다)」처럼 다른 단어와 합쳐져서 그 뜻이 다양해집니다. 'take'라는 단어의 대표적인 뜻인 「가지다」로만 알고 있으면 해석이 어려울 수 있지요. 그러나 앞서 언급한 말뭉치를 통째로 외우면 여러 단어를 조합하여 뜻을 파악하기 위한 수고로움 없이 바로 이해하고 유창하게 활용할 수 있습니다. 또한 원어민들이 사용하는 자연스러운 표현으로 학습할 수 있습니다. 이러한 말뭉치를 가정에서 아이와 함께 재미있게 학습하는 방법은 많습니다.

★ **우리 집 말뭉치 만들기:** 집에서 일상적으로 사용할 만한 말뭉치를 만들어 보세요. 「brush your teeth(양치하다)」, 「do your homework(숙제하다)」, 「set the table(식탁을 차리다)」, 「go to bed(자러 가다)」 등과 같은 말뭉치를 생활 속에서 반복적으로 활용해 보세요.

★ **영어 동화책에서 말뭉치 찾기:** 동화책을 읽으며 글 속 말뭉치를 찾아 밑줄을 긋거나 색칠해 보세요. 「a long time ago(오래전에)」, 「make a wish(소원을 빌다)」, 「They lived happily ever after(그들은 오래오래 행복하게 살았다)」 등이 있겠죠.

★ **완성하기 놀이:** 부모와 아이가 단어를 하나씩 말하며 말뭉치를 완성하는 놀이도 좋아요. 아빠가 「drink」, 엄마가 「some」이라고 말하고 아이가 「water」라고 말하면 「drink some water(물을 마시다)」라는 말뭉치가 완성됩니다. 또는 「I play the

…」라고 했을 때 그 뒤에 올 수 있는 단어인 piano, guitar, drum 등을 말해 문장을 완성해 볼 수도 있습니다.

나가기

그림 사전으로 단어의 의미를 직관적으로 이해하고, 플래시 카드를 활용해 사이트 워드에 꾸준히 노출하며, 말뭉치를 통째로 익힌다면 영어 단어 공부가 더 이상 지루하거나 어렵지 않을 것입니다. 아이가 놀이하듯 단어를 익히면 자연스럽게 어휘력이 향상되고, 영어에 대한 자신감도 함께 올라갈 것입니다.

다. 교과서 집필진들이 들려주는 교과서 학습법 1: 3-4학년군

들어가기

학창 시절, 학교에서 영어 단어를 외웠던 기억이 있나요? 학교 수업 시간에 열심히 공부했는데, 배웠던 단어를 금방 잊어버리고 기억이 나지 않아서 당황했던 적이 있을 겁니다. 아이들도 마찬가지입니다. 우리나라에서는 영어를 모국어가 아닌 외국어로 배우기 때문에 실제로 영어를 사용할 기회가 적어서 금방 잊게 되는 것이지요. 아이가 학교에서 배운 내용을 오래 기억하고 잘 활용하려면 가정에서 꾸준히 반복하여 학습하는 과정이 필요합니다. 그렇다면 가정에서는 교과서를 활용하여 아이의 영어 학습을 어떻게 도와줄 수 있을까요?

아이가 교과서를 학교에 두고 다녀서 교과서를 활용할 수 없다고요?

아이들은 무거운 책을 가지고 통학하는 게 어렵기 때문에 대부분 교과서를 학교에 놓고 다닙니다. 초등학교의 각 학급 교실에는 개인 사물함이 있어서 아이들은 교과서와 개인 소지품을 학교에 놓고 다닙니다. 그래서 가정에서 영어 교과서로 공부하기 위해서 매일 영어 교과서만 따로 챙기는 건 쉽지 않습니다. 그렇다면 어떻게 해야 할까요?

영어 교과서는 서책형 외에 디지털 교과서가 따로 있어요. 서책형 교과서가 없어도 온라인에서 쉽게 영어 교과서를 살펴볼 수 있지요. 인터넷 검색창에 'AI · 디지털 교육자료 포털'을 입력하여 접속하면 가정에서도 언제든지 영어 교과서를 활용할 수 있습니다.

[그림 4-10] AI · 디지털 교육자료 포털 화면

(출처: https://www.aidtbook.kr)

또, 플래시 카드 기능을 활용하면 아이가 공부한 단어를 얼마나 잘 기억하고 이해했는지 스스로 점검해 볼 수 있어요. 플래시 카드에는 그림, 단어, 단어 뜻, 재생 간격, 반복 횟수 등을 자유롭게 선택할 수 있어요. 카드를 보면서 단어의 철자, 의미, 발음을 여러 번 반복하여 연습할 수 있지요.

예를 들어, 그림만 혹은 영어 단어만 보고 우리말로 그 의미를 스스로 말해 볼 수 있어요. 이런 식으로 그림 사전 기능을 활용하면 첫 시간에 배운 단어를 복습하고 점검해 볼 수 있어요.

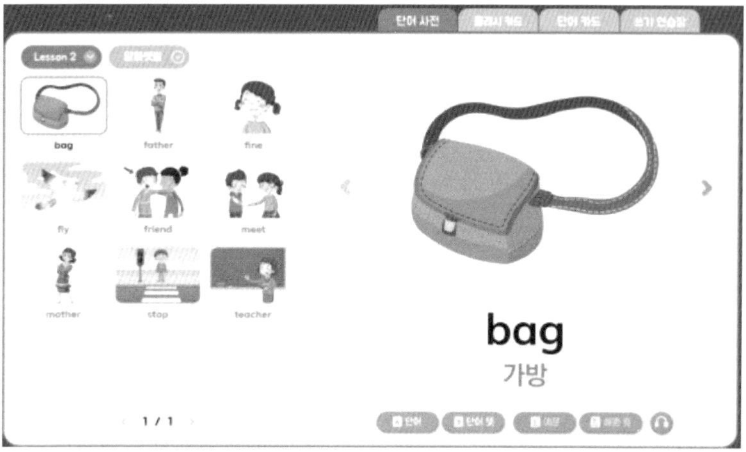

[그림 4-11] 동아 초등 영어 3학년 디지털 교과서 그림 사전 예시

(출처: https://ele.douclass.com/)

흥겹고 신나는 노래, 찬트로 공부해요!

학교에서 배웠던 찬트(Chant)나 노래(Song)를 반복해서 부르면 신나고 즐거운 마음으로 영어를 공부할 수 있어요. 학교에서 배웠던 찬트나 노래가 잘 기억나지 않거나, 배운 것을 더 연습하고 싶다면 디지털 교과서를 활용하면 됩니다.

디지털 교과서에는 단원별 찬트와 노래가 수록되어 있어요. 찬트와 노래는 영어뿐 아니라 아이들이 좋아하는 캐릭터, 즐거운 음악, 흥겨운 몸짓 등의 여러 요소가 복합적으로 결합된 자료입니다. 아이들이 영어의 내용을 더 쉽고 재미있게 이해하는 데 효과적이에요. 문자만 봐서는 의미를 바로 이해하기 어렵지만, 그림이나 몸짓, 소리 등이 함께 제시된다면 내용을 쉽게 이해하게 됩니다.

[그림 4-12] 동아 초등 영어 4학년 디지털 교과서 음악 상자 예시

(출처: https://ele.douclass.com/)

찬트와 노래는 여러 가지 장점이 있습니다. 손이나 발로 박자를 맞추며 찬트를 부르면 영어의 강세, 리듬, 억양을 익히는 데 유익합니다. 또, 노래는 자연스러운 영어 발음을 익히게 하고 기억에 오래 남습니다. 어린이들은 신체를 움직이는 것을 좋아하니까, 곡에 맞추어 동작을 함께 따라 한다면 더 즐겁게 영어 공부를 할 수 있습니다. 아이가 배운 노래를 가족 앞에서 즐겁게 부르게 하면 어떨까요? 가정에서의 관심과 응원으로 아이의 영어 자신감이 더 높아질 거예요.

역할극으로 영어를 표현해요!

역할극이란 특정 상황에 있는 사람이 되어 그 역할을 하는 활동이에요. 십여 년간 초등학교 현장에서 영어를 가르치면서 느낀 점중의 하나는 '3-4학년 아이들은 영어 역할극에 진심이다!'라는 것이에요. 영어에 관심이 없는 아이도 역할극 시간에는 친구들과 열심히 대사를 연습하는 걸 봤습니다. 아이들이 서로 힘을 합쳐 종이, 지우개, 색연필 등의 자기 재료를 총동원하여 여러 다양한 소품을 스스로 제작하고 즐겁게 참여합니다.

[그림 4-13] 동아 초등 영어 4학년 디지털 교과서 역할놀이 예시

(출처: https://ele.douclass.com/)

이러한 어린 학습자의 흥미와 관심을 고려하여 디지털 교과서는 애니메이션 영상, 실생활 영상, 이야기 영상 등 여러 자료에 역할놀이 기능을 제공합니다.

가정에서는 학교에서 아이가 해보고 싶었지만 아쉽게 맡지 못했던 역할을 선택하여 자유롭게 연습할 수 있습니다. 또, 자신의 목소리를 녹음해서 더 실감 나게 대사를 말할 수 있어요. 녹음한 목소리를 들으면서 부족한 발음이나 어색한 표현을 발견하여 보완한다면 말하기 공부의 효과를 더 높일 수 있을 거예요.

가정에서 형제, 자매들과 역할을 맡아서 영어 역할극을 한다면, 배운 내용을 복습하고 영어에 대한 흥미와 자신감을 키울 수 있어요. 더 나아가 대사의 일부를 바꾸어 연습한다면 영어 실력도 더 향상되겠죠?

나가기

3-4학년 아이들의 영어 기초를 다지기 위해서는 교과서를 활용하여 반복적으로 학습하는 것이 중요합니다. 학교에서는 일주일에 두 시간만 영어에 노출되기 때문에, 가정에서 꾸준히 반복하여 학습한다면 배운 표현을 더 잘 기억하는 데 효과적이겠지요. 이때 중요한 것은 가정에서의 관심입니다. 아이가 학교에서 배운 단어를 말하거나 영어 노래와 역할극을 할 때 열렬한 팬이 되어 응원하고 칭찬해 주세요. 가정에서의 따뜻한 관심과 격려는 아이들에게 영어 학습의 자신감과 동기를 더욱 높여줍니다.

라. 교과서 집필진들이 들려주는 교과서 학습법 2: 5-6학년군

들어가기

글로벌 시대를 살아가고 있는 우리 아이들에게 있어서 영어는 전 세계의 사람들과 의사소통을 하는 데 있어서 꼭 필요한 도구입니다. 초등학교 학생들이 이러한 영어를 학습할 수 있는 방법은 다양합니다. 그중에서 초등학교 5, 6학년 학생들이 영어 교과서를 활용하여 어떻게 영어 공부를 하면 좋을지 다양한 영어 공부법을 소개해 보고자 합니다.

5-6학년군 영어 교과서는 3-4학년군 영어 교과서에 비해 어떻게 다른가요?

3-4학년군 영어 교과서는 보통 한 단원이 4차시, 5-6학년군 영어 교과서는 보통 6차시로 구성되어 있습니다. 3-4학년군은 문자 언어(읽기, 쓰기)보다는 음성 언어(듣기, 말하기)에 중점을 두고 있기 때문에 영어 교과서에서 그림이 많은 분량을 차지하고 있습니다. 그러나 5-6학년군의 경우에는 문자 언어에 더 중점을 두기 때문에 교과서에서 그림의 분량이 줄어들고 문자의 양이 더 많아지게 됩니다. 즉, 5-6학년군 교과서에서는 읽어야 할 문장이 많아지고 짧은 글 단위도 등장하며, 쓰기 활동도 많아지게 된다는 뜻입니다.

5-6학년군 영어 교과서에서는 주로 어떤 내용을 다루고 있나요?

교과서에서 다루고 있는 내용을 이해(듣기, 읽기)와 표현(말하기, 쓰기)으로 구분하여 정리하면 다음과 같습니다.

〈표 4-1〉 2022 개정 영어과 교육과정 5-6학년군 성취 기준

이해	• 간단한 단어, 어구, 문장을 듣고 강세, 리듬, 억양을 식별하기 • 간단한 단어, 어구, 문장을 강세, 리듬, 억양에 맞게 소리 내어 읽기 • 간단한 단어, 어구, 문장의 의미 이해하기 • 일상생활 주제에 관한 담화나 글의 세부 정보 파악하기 • 일상생활 주제에 관한 담화나 글의 중심 내용 파악하기 • 일상생활 주제에 관한 담화나 글에서 일이나 사건의 순서 파악하기 • 다양한 전략을 활용하여 일상생활 주제에 관한 담화나 글을 듣거나 읽기 • 다양한 매체로 표현된 담화나 글을 흥미와 자신감을 가지고 듣거나 읽기 • 시, 노래, 이야기를 공감하며 듣거나 읽기 • 일상생활 주제나 문화에 관한 담화나 글을 포용의 태도로 듣거나 읽기
표현	• 간단한 단어, 어구, 문장을 강세, 리듬, 억양에 맞게 말하기 • 실물, 그림, 동작 등을 보고 간단한 단어, 어구, 문장으로 말하거나 쓰기 • 알파벳 대소문자와 문장 부호를 문장에서 바르게 사용하기 • 주변 사람이나 사물을 간단한 문장으로 소개하거나 묘사하기 • 주변의 장소나 위치, 행동 순서나 방법을 간단한 문장으로 설명하기 • 자신의 감정이나 의견, 경험이나 계획을 간단한 문장으로 표현하기 • 일상생활 주제에 관한 담화나 글의 세부 정보를 간단한 문장으로 묻거나 답하기 • 예시문을 참고하여 목적에 맞는 간단한 글쓰기 • 적절한 매체와 전략을 활용하여 창의적으로 의미를 생성하고 표현하기 • 의사소통 활동에 흥미와 자신감을 가지고 참여하여 협력적으로 수행하기

(출처: 교육부, 2022, pp. 15-19)

영어 교과서를 활용한 듣기와 말하기 학습법에는 어떤 것들이 있나요?

영어 교과서에는 주요 캐릭터가 등장하는 애니메이션과 실생활 동영상이 있어요. 교과서에서 제공하는 QR 코드와 전자 저작물을 활용하여 애니메이션과 동영상을 시청하면서 다음과 같은 방법으로 공부할 수 있습니다.

- 반복해서 듣고 내용 파악하기: 영상을 보고 들으면서 내용 이해하기
- Shadowing(섀도잉): 영상을 보고 들으면서 들은 문장을 1~2초 뒤에 가능한 똑같이 따라 말해보기
- 다양한 속도로 따라 말해보기: 거북이처럼 느리게, 치타처럼 빠르게 문장 말해보기
- 다양한 목소리 톤으로 말해보기: 할머니 목소리로 말해보기, 아빠 목소리로 말해보기, 아기 목소리로 말해보기 등
- 가족과 역할극 해보기: 가족과 함께 영상의 등장인물이 되어 역할극 해보기
- 강세와 억양을 살려서 따라 말해보기

[그림 4-14] 동아 초등 영어 5학년 교과서: 1단원 1차시-2차시

(출처: 정은숙 외 13인, 2026, pp. 8, 11)

듣기를 할 때는 아이들이 모든 단어를 다 들어야 한다는 강박관념에서 벗어나 편안한 마음으로 들을 수 있도록 하는 것이 좋습니다. 의미 단위로 전체적인 흐름에 맞추어 내용을 이해하게 하면 됩니다. 그리고 목적 없이 듣기보다는 왜 들어야 하는지, 무엇을 들어야 하는지 등 들어야 하는 이유와 들어야 하는 내용을 분명하게 인지시킨 후 듣게 하는 것이 좋습니다.

말하기에서는 발음뿐만 아니라 강세, 리듬, 억양과 같은 것들도 중요합니다. 그러므로 아이들이 귀에 들리는 그대로 강세와 리듬, 억양을 살려서 말해보도록 해야 합니다. 가능하다면 아이들이 이야기의 주인공이 되어 실제 상황처럼 표정이나 제스처 같은 비언어적인 요소까지 동원하여 말하기 연습을 하면 더 좋습니다.

TIP

- **Shadowing(섀도잉)이란**

섀도잉은 '그림자'를 뜻하는 영어 단어 'shadow'에서 유래한 말로, 영어를 배우는 과정에서 원어민의 음성을 듣고 거의 동시에 그림자처럼 따라 말하는 학습 방법을 말해요.

- **Shadowing(섀도잉) 팁**

- 너무 긴 지문보다는 짧은 대화문이나 교과서 본문을 활용하면 좋아요.
- 처음에는 배속을 조정하여 속도를 느리게 해서 연습하다가 익숙해지면 원래 속도로 연습해요.

영어 교과서를 활용한 읽기 학습법에는 어떤 것들이 있나요?

3-4학년 교과서와는 다르게 5-6학년 교과서에는 읽기 지문이 등장합니다. 5학년 때부터 아이들은 개별 문장이나 대화문 정도의 읽기가 아니라 문단으로 된 생각이 담긴 글을 읽고 그 내용을 파악하고 해석해야 합니다. 교과서에는 읽기 후 활동으로 읽은 내용을 잘 이해했는지 확인하는 문제나 활동이 제시되어 있습니다.

영어 교과서의 읽기 파트에도 QR 코드를 제공하고 있는데, 이 QR 코드와 전자 저작물을 활용하여 다음과 같은 방법으로 읽기 학습을 할 수 있습니다.

- **단어나 어구 읽기:** 읽기 지문을 학습하기에 앞서 'Key Words'나 'Read and Talk' 코너에서 제시하는 단어나 어구를 듣고 따라 읽어보기

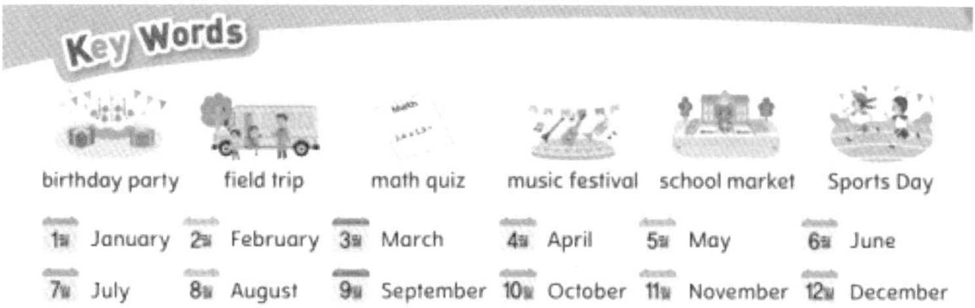

[그림 4-15] 동아 초등 영어 6학년 교과서: 4단원 1차시

(출처: 정은숙 외 13인, 2026, p. 53)

[그림 4-16] 동아 초등 영어 6학년 교과서: 4단원 2차시

(출처: 정은숙 외 13인, 2026, p. 55)

- **애니메이션 영상을 반복해서 보면서 읽기:** 애니메이션을 보고 들으면서 내용 이해하기

[그림 4-17] 동아 초등 영어 6학년 교과서: 4단원 4차시

(출처: 정은숙 외 13인, 2026, p. 60)

- **따라 읽기:** 한 문장씩 따라 읽기 기능을 활용하여 문장을 따라 읽어보기
- **다양한 속도로 읽어보기:** 전자 저작물의 배속 기능을 활용하여 느린 속도로, 평균 속도로 또는 빠른 속도로 읽어보기
- **원하는 단어를 가리고 읽어보기:** 전자 저작물의 단어 가리기 기능을 활용하여 원하는 단어를 가린 다음 그 단어를 기억하여 읽어보기

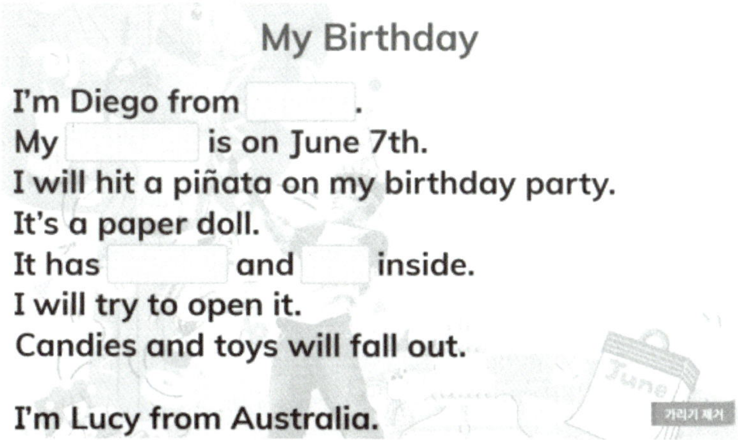

[그림 4-18] 동아 초등 영어 6학년 교과서 전자 저작물: 4단원 4차시

(출처: 정은숙 외 13인, 2026)

영어 교과서를 활용한 쓰기 학습법에는 어떤 것들이 있나요?

쓰기는 듣기, 말하기, 읽기, 쓰기의 네 가지 기능 중에 학생들이 가장 어려워하는 영역입니다. 쓰기는 다른 기능에 비해 기능을 숙달하는 데 많은 시간이 필요하므로 그만큼 연습이 많이 필요합니다.

쓰기는 읽기와 연계하여 학습하는 것이 좋습니다. 아이들이 읽을 수 있는 내용을 쓰기 학습의 자료로 활용해야 하고 쓴 내용은 또한 읽기 자료로도 활용할 수 있어야 합니다. 영어 교과서에서는 읽기를 통해 학습한 내용이 쓰기에 나오므로 읽기와 쓰기를 연계하여 학습하기가 좋습니다. 영어 교과서와 전자 저작물을 활용하여 다음과 같은 방법으로 쓰기 학습을 할 수 있습니다.

- **예시글 따라 읽어보기**: 전자 저작물을 활용하여 교과서에 제시되어 있는 예시글을 따라 읽어보기
- **예시글을 따라 쓰기(copying)**: 교과서에 제시된 예시글에 있는 문장을 그대로 따라 쓰며 익히기
- **자신의 글을 써 보기**: 예시글을 참고하여 빈칸을 채우면서 글을 써 보기
- **빈칸 채우기**: 특정 단어를 포스트잇으로 가리고 채워서 써 보기
- **받아쓰기**: 가족이 불러주는 문장을 써 보기

나가기

영어 교과서는 사교육 기관에서 사용하는 교재에 비해 난이도가 낮다고 생각되어 소홀히 다뤄지는 경향이 있습니다. 그러나 초등학교 영어 교과서는 학생들의 발달 단계에 맞추어 자연스럽게 영어를 학습할 수 있도록 구성되어 있습니다. 또한 영어 교과서는 실생활과 연계한 소재 및 주제를 다루고 있어 이를 충분히 활용해 학습한다면 학생들이 글로벌 시대에 필요한 의사소통 능력을 기르는 데 있어 든든한 출발점이 될 것입니다.

마. 현직 교사들이 바라보는 교과서와 공교육의 방향은?

들어가기

잠시 눈을 감고 학창 시절로 돌아가 봅시다. 수업 종이 울립니다. ♬ 띵동 댕동♬ 띵동 댕동♩

이윽고 선생님의 목소리가 들립니다.

"자, 오늘은 여기서부터 시작해 볼까요?" 이 목소리가 들리시나요? 여러분도 학창 시절 이렇게 교과서를 펴 놓고 수업을 시작하셨지요?

(출처: ChatGPT 생성 이미지)

혹시 '교과서 같다.'라는 말 들어 보셨는지요? 이 말은 해당 분야에서 모범이 될 만한 사실을 비유적으로 쓴 거예요. 과연 교과서는 어떤 장점이 있길래 '모범적이다.'라는 의미로 사용될까요?

교사 입장에서 교과서를 활용하면 어떤 장점이 있나요?

첫째, 교재 준비에 들어갈 힘을 아껴 주지요. 교사의 체력과 시간은 한정적입니다.

예를 들어, 내일 수업 준비도 해야 하는데 우리 반 학생들이 싸우고 있다면 어떻게 해야 할까요? 학생 싸움을 말리고, 왜 싸웠는지 이유도 물어보고 성찰의 기회도 주지요. 싸운 학생들을 걱정하면서, 학부모님에게 연락도 드려야 해요. 이러한 과정에서 교사는 감정이 많이 소모됩니다. 그 후 마음을 추슬러서 수업 준비할 힘을 내요. 이럴 때 교과서의 도움을 크게 받을 수 있어요.

둘째, 수업 준비의 출발점이 되어 줘요. 교과서는 필요에 따라 취사선택할 수 있는 교육 자료예요. 교과서에 있는 활동을 우리 반에 맞게 바꿀 수 있어요. 우리 반 학생이 좋아하거나 재미를 느끼거나 의미 있게 여기는 활동으로 얼마든지 바꿀 수 있어요. 필요에 따라 수정, 보완할 수 있는 교육 자료가 되는 것이지요. 교과서를 그대로 가르칠 필요가 없으니 창의적인 자료와 내용도 더하여 활용할 수 있지요.

셋째, 수업 준비 시간을 줄여 줘요. 교사로 근무하면 해야 할 일이 정말 많아요. 수업 이외에 업무 처리하고, 생활 교육도 해요. 점심 시간 급식 지도도 하지요. 수업부터 아픈 학생 돌봄, 늘봄 시간 안내, 학부모 전화 응대, 교실 청소까지 현실적으로 시간이 너무 부족해요. 이럴 때, '한 줄기의 빛'이라고 할까요? 다행스럽게도 교과서가 있어서 수업 준비 시간이 줄어들었어요. 교과서가 없다면 교육과정 분석부터 자료 설계 · 제작까지 해야 하는데, 현실적으로 근무 시간 내에 다 하기는 너무 어려워요.

학부모 입장에서 교과서를 활용하면 어떤 장점이 있나요?

첫째, 교육 환경 차이로 인한 내용 차이가 없게 만들어 줍니다. 서울부터 제주까지 전국 학생들이 같은 교과서로 공부하니까요. 만약, 교과서가 없다고 생각해 보세요. 지역, 경제 등 환경에 따라 교육 수준이 달라질 수 있어요. 통일된 교과서가 없으니 가르치는 학교, 교사, 지역마다 내용이 달라지겠죠. 교과서를 똑같이 사용하면 교육할 내용이 같다는 게 큰 장점이에요.

둘째, 교육과정을 쉽게 이해할 수 있어요. 교과서는 국가 수준 교육과정을 교실에 실현하는 매개체예요. 국가 수준 교육과정에서는 학교급에 따라 가르쳐야 할 내용이 정해져 있어요. 교육과정만 살펴보면 쉽게 파악하기 어려운데, 교과서를 보면 이해를 빨리 할 수 있어요.

셋째, 배운 내용과 앞으로 배울 내용을 미리 파악하고 자녀가 학습한 정도를 확인하기가 쉬워요. 교과서를 잘 보관해 놓으시면 초등학교 3학년에는 '이런 걸 배웠구나!' 하고 돌아볼 수 있고요. 다음 학년 교과서를 받은 후 미리 살펴보시면 학습 내용을 파악할 수 있어요. '우리 아이가 이 정도 배우는구나.'라고 확인할 수 있고 부족한 부분을 파악할 수 있게 해주지요. 그 부분을 가정에서 도와주면 아이에게는 더욱 큰 도움이 되겠지요.

넷째, 수준 높은 양질의 교재로 배울 수 있어요. 교과서는 3-4학년군 개발 시간이 2년, 5-6학년군은 1년이에요. 5~15명 정도로 집필진을 만들어 2년간 교과서를 만들어요. 다른 시중 영어 교재도 굉장히 좋은 교재가 많지만, 교과서는 다른 교재와 비교가 되지 않을 정도로 엄격하게 관리된 교재예요.

예를 들어, 교육부에서 정한 단어가 있어요. 초등학교에서 쓸 수 있는 단어, 중학교에서 사용할 수 있는 단어가 정해져 있어요. 학교급에 따라 정해진 단어로 최대 효과를 높일 수 있는 문장을 만든 교재가 교과서지요. 교육부의 위탁을 받은 한국교육과정평가원에서 심사 과정도 거치게 됩니다. 심사 후 수정 작업을 하여 최종 검정에 합격한 교과서를 학교 현장에서 채택하는 거니까 질 높게 만드는 장치와 시스템이 잘 갖추어져 있다고 볼 수 있지요.

학생 입장에서 교과서를 활용하면 어떤 장점이 있나요?

첫째, 가장 쉽게 배울 수 있는 교재예요. 교과서가 다루는 내용은 어렵지 않아 이해도 더 잘 돼요. 교과서는 심화나 영재 등 수월성 교육 대상자가 아닌 일반 학생 대상으로 만든 교재예요. 기본적이고 핵심적인 내용만 있어요. 학생이면 누구나 이해할 수 있는 수준의 내용으로 구성되어 있지요. 교사들은 더욱 쉽게 가르치려고 노력하기 때문에 내용이 더 쉬워지고 학생 눈높이에 맞춰지지요.

둘째, 배워야 할 양이 적어요. 학습해야 할 양이 많아지면 심리적 부담감을 주게 되지요. 심하면 거부하게 되거나 마음에 병이 생길 수도 있어요. 과도한 스트레스나 심리 이상을 일으켜 치료가 필요할 수도 있어요. 양이 많으면 뇌는 부담을 느껴 제 기능을 발휘하기가 어려워지지요. 지레짐작 포기할 가능성이 높아지지요. 교과서에는 배워야 할 양이 최소한으로만 나와 있어요. 국가 수준 교육과정에서 정해 놓았기 때문이에요. 특히 초등은 기초, 기본이지요. 사회 생활에 꼭 필요한 것만 배우는 거지요.

셋째, 다른 친구와 같이 배운다는 점입니다. 다른 교재는 대개 혼자서 학습할 수 있게 구성되어 있어요. 물론 같이 공부하도록 설계된 교재도 있지만 대부분 개별 학습용이에요. 교과서는 학생들이 같이 배운다고 생각하며 설계된 교재예요.

[그림 4-19] 좋아하는 계절 조사 후, 발표하는 모습

(출처: ChatGPT 생성 이미지)

예를 들면, 조사하고 발표해 보는 활동이 그런 거지요. 친구들에게 제일 좋아하는 계절을 물어보고, 표로 정리해서 학급 전체에 발표하지요. 이 과정에서 학생들은 사회성을 기를 수 있지요. 영어과로 치면, 공동체 역량이 길러지는 거예요. 같이 배우는 장점을 가장 잘 살릴 수 있는 교재가 바로 교과서지요. 교사가 학생에게 가르쳐 주는 것도 있지만, 학생들끼리 서로 생각이나 감정, 학습 방법을 보고 배우며 긍정적인 에너지를 만들어 상승 효과를 낼 수 있습니다.

공교육은 어떤 역할을 해야 할까요?

공교육의 역할을 여러 가지 살펴볼 수 있겠지만, 공교육 역할에 대한 교사 인식 연구를 살펴볼까 해요. 공교육이 해야 할 가장 중요한 요소에 대한 초등, 중등, 고등 교사의 응답 결과를 표로 정리했어요.

〈표 4-2〉 학부모의 공교육 신뢰 제고 방안

구분	공교육 역할
초등교사	인성 교육, 민주 시민 교육, 기본 생활 습관, 의사소통 능력, 문해력, 독해 능력 신장
중등교사	인성, 교우 관계 형성, 배움의 기쁨, 수업
고등교사	진로 진학, 인성 함양, 민주 시민성 개발, 공동체 일원으로서의 역할 수행력, 친구 관계, 인간 관계

(출처: 김기수 외 6인, 2020, pp. 123-125)

각 학교급의 교사들이 공통으로 뽑은 내용을 요약하면, 인성을 갖춘 민주 시민 육성입니다. 인성은 공교육에서 다루어 주어야 할 중요한 요소라고 할 수 있어요. 그 이유는 학생들의 인성 부족으로 학교 생활에 문제가 생기기 시작했기 때문입니다.

예를 들어, 학교 폭력이나 이기적 행동으로 친구들에게 상처를 주고 정신적, 신체적 피해를 주는 것들 말이지요.

어쩌다 이렇게 됐을까요? 여러 이유가 있겠지만, 사회 환경이 오염되었고, 관계를 경험해 볼 수 있는 장이 축소된 영향도 있어요.

폭력적인 사회 문화 속에서 영상 매체에 노출되어 은연중에 배우게 되는 거죠. SNS에서 괴담, 욕설, 비방, 딥페이크, 마약까지 누구도 이 문제에서 벗어나지 못하죠.

현실을 조금이라도 개선하려면, 사회를 정화하고 인성 교육에 관심을 가지는 일이 필요해요. 가정에서도 학교에 모든 것을 맡기지 않고 책임지고 가르치는 교육이 필요해요.

민주 시민 교육도 중요해요. 전교 학생회 선거나 학생 자치회 활동, 건전한 토론, 나와 다른 의견을 경청하며 배우는 교육을 통해 경험해 볼 수 있어요. 학급이 곧 작은 민주주의 사회가 되는 것이지요. 다수결에도 따르기도 하지만 소수 의견도 존중하는 법도 배우지요. 공교육을 통해 내 의견도 중요함을 배우고, 나와 다른 점이 잘못된 것이 아니라는 포용성을 배웁니다. 행동에 자유가 있지만 책임져야 하는 것도 배워야 하지요. 학교는 사회 축소판이면서, 아이가 처음 경험해 보는 공동체의 장이지요. 단지 지식만 필요하다면 학교에 올 필요 없이 인터넷으로 다 배우면 되니까요. AI가 더욱 발달하여 점차 대면이 줄어들고, 인간 관계를 어떻게 해야 하는지 잘 모르는 것 같아요. 경험이 부족하니 감정 표현이 거칠고 서투르죠. 서로 다른 의견과 감정이 부딪칠 때 해결해 본 경험이 부족하여 문제가 더 커지는 것 같아요.

공교육으로 학생 간 상호 협력하여 사회성을 더욱 키우고 인간 관계를 더 훈련하고, 부족한 교육 시스템을 고쳐 가며 교사, 학부모, 학생이 노력한다면 조금 더 나은 교육 여건이 되리라 생각합니다.

나가기

교과서를 통해 다차원적인 미래 변화 사회를 슬기롭게 살아갈 학생에게 필요한 역량을 기르고 가정과 학교, 교사, 사회가 지혜를 모아 여건을 개선하여 인성을 갖춘 민주 시민의 학생들이 많아지는 대한민국을 그려봅니다.

제 5 장

우리 아이와 함께 영어를 -다양한 자료와 방법 활용

가. 우리 아이 영어 실력 Up 노트 사용법

들어가기

영어도 노트 정리가 필요할까?

단어장을 만들면 좋을까?

5, 6학년 우리 아이는
영어 노트를 어떻게
사용해야 할까?

영어 쓰기의 시작! 영어 노트 사용법이 궁금해요

영어 공책은 언제 사용하시나요? 첫 시작은 열심히 4선 노트에 대문자, 소문자를 칸에 맞추어 잘 씁니다. 그 이후는 어떤가요? 과제용으로만 사용하고 있지는 않나요? 영어 노트의 다양한 사용으로 학생들의 쓰기 실력뿐 아니라 영어 실력도 향상될 수 있습니다.

생생 학교 현장 이야기

초등학교 3학년이 되면 학생들은 맨 먼저 영어 4선 노트에 알파벳 대・소문자를 칸에 맞추어 쓰도록 학습합니다. 그 뒤로도 각 단원의 단어와 주요 문장을 3~5번 정도 쓰도록 하고 있습니다. 선행이 많이 되어 있는 학생은 이 정도로만 하여도 문제가 없습니다. 하지만 교육과정의 성취 기준을 도달하기 위해서는 보충 학습이 꼭 필요합니다.

2022 개정 교육과정 성취 기준에 의하면, 3, 4학년은 단어와 어구를 쓰고, 문장은 보고 쓰게 되어 있습니다. 5, 6학년은 간단한 문장을 써야 합니다. 초등 3, 4학년은 주당 2시간, 5, 6학년 주당 3시간을 수업합니다. 실제로 5학년이지만 교과서의 문장조차도 읽고 쓰는 것을 어려워하는 학생이 많습니다. 심지어 단어조차도 쓰기 어려워하는 학생들이 상당수 있습니다. 가정에서 따로 복습하지 않는다면 사실 교육과정 성취 기준에 도달하기 어렵습니다.

현장 선생님들의 Tip

가정에서 배운 대화문과 주요 표현을 하루 10분씩만 쓰고, 읽기를 한다면 우리 아이는 얼마나 달라질까요? 고학년, 중학생이 되어서 어려운 단어, 문법, 문형을 정리하기 위한 노트 사용법을 배운 학생은 단순히 쓰고 외우는 아이보다 더 앞서 갈 수 있습니다. 하지만 처음부터 잘할 수 없을 것입니다. 쉬운 나만의 단어장 만들기부터 시작해 보면 어떨까요?

영어 노트 이렇게 사용해 보세요

1) 나만의 단어장

교과서나 학습 중 나온 단어를 단원별 혹은 주제별로 정리할 수 있습니다. 학교 단어장 1개와 주제별(과일, 동물, 가족 등)로 정리하며 여유 공간을 두고 추가해 갈 수 있도록 지도해 주면 좋습니다. 초등 3, 4학년까지는 '단어 + 간단한 그림 + 한국어 뜻' 적기를 활용할 수 있습니다. 파닉스를 익히고 쉬운 문장을 읽을 수 있다면 짧은 문장을 같이 기록할 수 있도록 합니다. 실제로 Rivers(1981)와 Naiton(2013)과 같은 영어 교육 학자들은 시각 자료를 활용하면 어휘 학습 효과가 크다고 이야기한 바 있습니다.

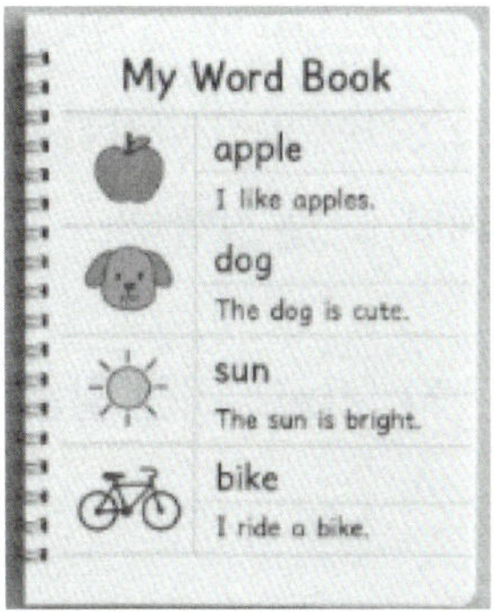

초등 저학년 단어장 예시
(출처: ChatGPT 생성 이미지)

고학년인 경우에는 그림을 생략한 후 단어와 함께, '오늘 내가 배운 표현' 코너를 활용하여 매일 2~3문장을 쓰도록 하면 좋습니다. 고학년이지만 영어를 늦게 시작한 학생들은 너무 많으면 힘들고 지칠 수 있으므로 5문장을 넘지 않기를 권장합니다.

TIP

가장 중요한 것은 오늘 내용을 정리한 후 꼭 앞의 내용도 한 번씩 읽도록 학습 습관을 갖도록 하는 것입니다. 쓰기 실력을 늘리기 위해서는 어려운 단어는 매일 5번 이상 쓰고 외우도록 해주세요.

2) Song · Chant · Story 기록하기

아이들이 흥미와 관심이 높은 노래, 찬트, 동화책을 활용하는 방법도 있습니다. 처음부터 모든 노래 가사를 적는 것은 무리일 수 있습니다. 배운 노래, 찬트, 이야기에서 마음에 두는 구절을 적어두도록 할 수 있습니다. 최근에 '케이팝 데몬 헌터스' 노래를 아이들이 많이 따라하고 있는데, 함께 부르며, 마음에 두는 문장을 매일 3~5문장씩 써보게 할 수 있습니다.

3) 오늘의 미션 활용하기

'오늘의 미션'을 정하고 기록하도록 할 수 있습니다. 예를 들어, '영어로 가족 이름 써보기', '과일 3개 말하고 기록하기', '배우고 싶은 운동 영어로 알아보기' 등 다양한 미션을 부모님과 함께 리스트로 정하고 목록을 만들어 작은 스티커를 붙이거나 체크 표시를 하도록 유도하면 성취감을 높일 수 있습니다.

4) 나의 영어 일기 단계적으로 쓰기

일기는 요즘 초등학생들에게 우리말로 쓰도록 하여도 어려워합니다. 영어로 일기를 쓰도록 하는 것은 쉬운 일이 아닙니다. 하지만 단계별로 시작한다면 두려움 없이 시작할 수 있습니다.

예시) 1~2문장으로 간단히 시작

→ Today is sunny. I am happy.

* 그림을 곁들이면 더 흥미로워져요.

5) 주기적인 복습 노트 만들기

일주일 동안 배운 단어, 문장을 정리할 수 있는 노트를 만들면 좋습니다. 특히 초등에서는 주로 3, 4학년은 1단원이 4차시로 대부분 2주 동안 수업을 하게 됩니다. 매일 정리하는 것도 좋지만 단어와 핵심 문장을 단원별로 정리해 놓으면 좋습니다. 그리고 다음 주에 다시 보면서 스스로 테스트해 보기를 한다면 배운 내용을 확실히 익힐 수 있을 것입니다.

1학기에 보통 6단원 정도 배우니 방학 때 다시 한번 복습하기를 권장합니다. 각 단원의 대화문과 찬트를 직접 노트에 써보게 하고 매일 읽도록 한다면 아이의 실력이 더 향상될 수 있습니다.

6) 코넬식 영어 노트 사용법

이미 많이 알려진 노트 사용법인 코넬식 노트 정리법을 활용하면 어떨까요? 오랜 기간 지켜본 교사로서 말씀드리자면, 공부 잘하는 아이들은 노트 정리부터 다릅니다. 결국 배움은 자신의 몫입니다. 그래서 저는 4학년 이상의 학생들에게 코넬식 노트 필기법을 가르치고 있습니다. 스스로 배운 내용을 정리하는 습관이 큰 차이를 만듭니다.

코넬식 영어 노트 구조는 크게 3부분으로 나뉩니다.

- 왼쪽 좁은 칸: 힌트, 질문 칸
- 오른쪽 넓은 칸: 수업, 본문 정리 칸
- 아래 칸: 요약 칸

만약에 '좋아하는 과목을 묻고 답하기' 단원을 배운다면 다음 〈표 5-1〉과 같이 노트 정리를 할 수 있어요.

초등학생 코넬식 영어 노트 예시
(출처: ChatGPT 생성 이미지)

〈표 5-1〉 코넬식 영어 노트 정리 방법

힌트 or 질문 (왼쪽)	수업 내용 (오른쪽)
질문 패턴 → What's your favorite ~?	A: What's your favorite subject? B: My favorite subject is English.
subject = 과목	A: What's your favorite food? B: I like pizza.
요약 (아래): 좋아하는 것을 묻고 대답하는 표현을 익힘.	

코넬식 영어 노트 정리 복습 방법은 이렇게 하면 좋아요.

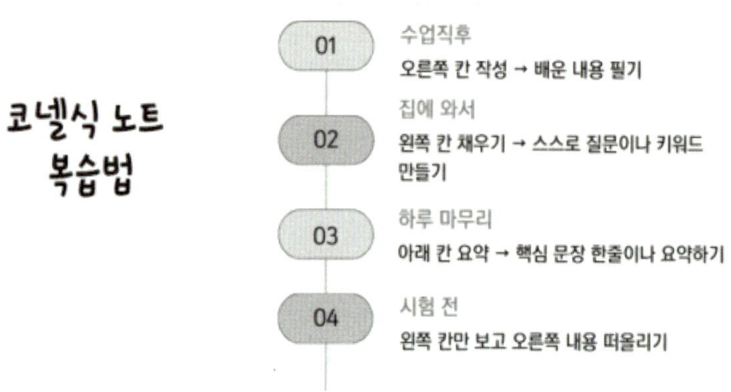

[그림 5-1] 코넬식 영어 노트 복습 방법

나가기

우리 아이가 숙제할 때만 노트를 사용한다면 지금부터라도 아이에게 맞는 단계부터 영어 노트를 사용해 보기를 권합니다. 핵심은 재밌게, 꾸준히, 자기만의 노트를 만들도록 하는 것입니다. 영어 단어나 문장 시험용 '학습 노트'가 아니라, 아이가 보면서 "내 노트야!" 하고 애착을 가질 수 있어야 오래갑니다.

TIP

초등 영어 노트 활용 방법

- 나만의 단어장
- Song · Chant · Story 기록하기
- 오늘의 미션 활용하기
- 나의 영어 일기 단계적으로 쓰기
- 주기적인 복습 노트 만들기
- 코넬식 영어 노트 사용법

나. 우리 아이도 영어로 된 책을 읽을 수 있을까?

들어가기

유아나 초등생 자녀를 두신 부모님, 상상해 보셨나요? 잠들기 전 영어 원서를 같이 읽고 대화하는 모습. 과연 이런 모습은 다음 생에서만 가능한 걸까요?

(출처: ChatGPT 생성 이미지)

영어 동화책 이야기
우리 아이는 책을 싫어해요. 어떤 책을 읽으면 좋을까요?

쉬운 책부터 시작해 보시면 어떨까요? 초등학교 3학년이 되면 학교에서 알파벳을 처음 배우기 시작해요. 알파벳을 익히기에 도움을 주는 책을 읽어 주면 좋을 것 같습니다.

다양한 알파벳 책이 있는데, 왼쪽부터 차례대로 *Alphabet City, Alphabatics, Eating the Alphabet, Tomorrow's Alphabet*입니다. 도서관이나 지역 서점, 인터넷 서점에서 미리 둘러보시고, 방문하시면 조금 더 정보를 얻을 수 있어요. 인터넷에서 책을 검색해 보시면 미리보기가 있어서 조금 더 책의 분위기나 구성을 파악하기가 쉬워요.

아이가 영어 문장에 부담을 느끼나요? 삽화가 많은 책을 활용해 보시는 건 어떨지요?

Nate the Great, Dork Diaries, Star Wars Jedi Academy, Treehouse 시리즈부터 시작해 보세요. *Nate the Great*는 추리를 좋아하는 아이가 읽으면 좋고요. *Dork Diaries*는 여학생의 감정과 고민을 유머러스하게 표현한 작품이라 인기가 있어요. *Star Wars Jedi Academy*는 영화 스타워즈를 좋아하면 추천하고요. *169-Storey Treehouse*는 모험을 좋아하면 읽어 보세요. *House of Robots*는 로봇을 좋아하면 추천해 드려요.

자녀의 취향을 파악해서 좋아하는 책으로 시작해 보시는 것도 좋은 방법입니다. 아이마다 취향이 다르지요. 평소에 아이 행동이나 습관, 좋아하는 것을 유심히 살펴보신 후 판단해 보시면 좋겠습니다. 이게 어려우시면 도서관 영어 그림책 모아놓은 곳에 가셔서 맘에 드는 책을 골라 오라고 하시면 됩니다.

탈것을 좋아하면 자전거, 자동차, 기차, 비행기, 우주선 등의 교통수단 책부터 시작해 보세요.

공룡, 동물, 곤충, 숫자, 계절, 모양이나 색깔, 음식, 몸 같은 주제는 보통 어린이가 좋아하고, 교과서 단원에서도 배우거든요. 교과서와 같은 주제를 다룬 책부터 함께 읽어 나가시는 것을 권해드려요.

〈표 5-2〉 주제별 영어 동화책 예시

구분	책
교통수단	Freight Train, School Bus, Bus stop, Flying, Truck, Down by the Station
동물	Gorilla, Dear Zoo, Color Zoo, Old MacDonald Had a Farm
곤충	The Very Hungry Caterpillar, Spiders
숫자	Five Little Monkeys Jumping on the Bed, Piggies
계절	Snow, The Snowman, Owl Moon
모양, 색깔	What Am I? Sea Shapes

구분	책
음식	Today Is Monday, If You Give a Mouse a Cookie, Bread Bread Bread
몸	My Five Senses, Dr. Dog

초기에는 흥미를 붙이는 게 중요하거든요. 포기하지 않고 계속 읽어 나갈 수 있게 격려해야 해요. 칭찬도 많이 해주세요.

아이가 좋아하는 작가가 있다면 그 책부터 읽어 보세요.

앤서니 브라운의 책은 영국 문화를 잘 담고 있어요. 초등 영어 교과서 단원과 관련 있는 책도 많고요. 교실 영어 수업, 국어, 미술 등 여러 교과 수업에서도 많이 사용하는 책입니다.

어떤 책을 읽으면 좋을까요?

먼저, 패턴북부터 말씀드릴게요. 그림이 훌륭한 에릭칼의 책부터 읽어 보시면 어떨까요? 유화 그림책이면서 문장 패턴이 반복되면서 이야기가 전개되어 문장이 저절로 익혀지거든요. *We're Going on a Bear Hunt*도 좋지요. 유튜브에 영상도 나와 있는 책이에요. 먼저 책을 같이 읽고, 영상을 보면서 한 번 더 복습할 수도 있어요.

정보책으로는 *Wild Kratts* 시리즈도 읽어 보세요. 동물이 등장하는 정보책이에요. 초등 과학 3-4학년군에서 동물 생김새나 다양한 환경에 사는 동물과 식물을 배우거든요. 교과서와 관련이 있으니 추천해 드려요.

시리즈로 *Magic Tree House, Magic School Bus*를 권해 드려요. *Magic Tree House*는 다양한 정보도 같이 얻을 수 있어요. 모험을 좋아하는 아이에게 어울리지요. *Magic School Bus*도 초등교사가 학생들과 버스를 타고 다니면서 가르치는 내용이니 실제적인 지식을 얻는 데 도움이 많이 됩니다.

*The Magic School Bus*는 과학과 관련된 다양한 주제를 다루는 정보책을 모아놓았어요. 식물과 동물, 자원의 종류와 이용, 우리 몸의 소화・순환・호흡・배설 기관의 구조와 기능이 나오니 교과서로 배운 것을 복습할 기회도 된답니다. 또, *The Pigeon, Elephant & Piggies, Catwad, Mr. Wolf's Class, The Bad Guys, See the Dog* 등이 있어요.

*Nate the Great*는 초등 영어 교과서와 문장 수준이 비슷하고 쉬운 편입니다. 여학생은 *Owl Diaries*가 삽화도 귀엽고 친구 관계

도 나와서 좋아합니다. *An Arthur Chapter Book, Judy Moody, A to Z Mysteries*도 추천해 드립니다.

소설책은 로알드 달이 쓴 책부터 읽어 보시면 어떨까요? 초등학교 영어 교과서에도 많이 등장하는 책이 많아요.

예를 들어, *Charlie and Chocolate Factory* 같은 책 말이죠.

*Charlotte's Web*도 빠지면 섭섭하죠. 이 책은 6학년 국어 교과서에도 나오고 대학원 입학 시험에도 출제될 정도로 검증되었어요. 영어 단어장도 시중에 있으니 하루에 시간을 정해 놓고 같이 꾸준히 읽으시면 영어 실력이 자랄 거예요.

인포메이션북은 어떻게 읽어야 하나요?

정보책에는 어려운 단어가 많이 나오죠. 부모님께서 미리 단어 뜻도 찾아보고 공부를 한 후 같이 읽어 나가시면 좋겠어요. 우리 아이 수준보다 훨씬 어려우면 그 단어는 건너뛰셔도 좋겠습니다. 초기 단계에 너무 어려운 책을 읽어 나가면 흥미를 잃어버릴 수도 있거든요. 모르는 단어가 나온다고 책 읽기를 중단하고 바로 단어 뜻을 공부하는 것보다 책을 끝까지 읽으면서 흐름을 먼저 파악하는 게 좋아요.

동화책을 어떻게 읽으면 좋을까요?

동화책을 읽는 방법을 읽기 전, 읽는 중, 읽은 후로 나눠서 말씀드릴게요.

*The very hungry caterpillar*로 예를 들어 볼게요.

이 동화책은 조금 어려운 단어가 나오니까 단어 뜻을 미리 공부하시면 좋아요. 인터넷에 영어 단어를 치고 뜻을 알아보면 됩니다.

읽기 전 활동으로 표지에 나온 그림을 보고 질문을 해 봅니다. "표지에 뭐가 보이니?", "무슨 곤충일까?", "왜 제목에 Hungry가 들어 있을까?", "애벌레를 본 적이 있니?"처럼 경험과 관련지어 물어보셔도 됩니다.

읽는 중에는 책에 나온 내용에 관한 질문을 해요. 상상을 자극하거나 앞으로의 사건을 예상해 보도록 유도해 볼 수 있어요.

"다음엔 애벌레가 무엇을 먹을 것 같니?", "다음엔 어떻게 됐을까?"라고 질문해도 됩니다. 부모님이 읽어 주실 때는 'hungry'를 신경 써서 읽어 주시면 좋겠어요. 아무리 먹어도 배가 고프니까 배가 고픈 표정을 지으며 배를 문지르면 아이는 더 실감 나게 빠져

들 테니까요.

처음에는 부모님이 읽다가 반복되는 문장은 아이가 읽어 보게 해도 됩니다. 이 책에선 "On ( ), he ate through ( ). But he was still hungry."가 반복되네요. 아이에게 "이 문장을 읽어 볼 수 있겠어?"라고 질문했는데 만약 아이가 읽기에 자신감이 없고 부담을 느낀다면 강요하는 것은 좋지 않아요. 그림책을 통해 아이와 상호 작용하는 게 더 중요하니까요. 발음이나 학습에 너무 신경을 쓰면 책이 주는 혜택을 못 받을 수가 있어요.

읽은 후에 애벌레가 요일마다 먹은 과일을 질문하거나 요일과 과일을 연결하는 활동을 해도 됩니다.

예를 들어 "애벌레는 월요일에 무엇을 먹었니?" 물어보는 거지요.

활동 자료는 키즈클럽, 스파클박스나 구글에 'The very hungry caterpillar activities'를 입력 후 맘에 드는 활동지를 내려받으십시오. 그림을 조금 그리신다면 직접 A4에 그린 후 오려서 색칠하여 애벌레를 만들어 책을 읽어 봐도 됩니다.

나비의 일생을 애벌레, 번데기, 나비의 순서로 그린 후 영어로 소개해도 됩니다.

예를 들어, 번데기 그림을 들고 책에 나온 문장을 활용하여 "On ( ), I ate through ( ). But I was still hungry."로 말하면 됩니다.

읽은 후에는 유튜브에 'The very hungry caterpillar Read aloud'를 입력하셔서 맘에 드는 동영상을 보면서 같이 들어 봅니다.

song이 있으면 반복해서 기회가 될 때마다 들려주면 좋지요.

TIP

시간이 되면 주말을 이용하여 나비 축제를 하는 곳이나 동식물을 관찰할 수 있는 곳으로 교육 여행을 떠나서 그곳에서 나비나 애벌레를 소개하는 활동을 하시고 가족의 추억까지 쌓으세요.

나가기

아이의 취향을 파악해서 좋아하는 책으로 시작해 보셔요. 서툴고 부족하더라도 조금씩 같이 읽어 나가고 그림에 흥미를 느끼면 어느덧 책을 사랑하는 아이로 자랄 수 있을 거예요. 빨리 도서관에 가자고 졸라대는 성가신(?) 아이로 변신할 날을 기대해 봅니다.

다. 에듀테크와 영어가 만나면?

들어가기

오늘날 초등 영어 교육은 전통적인 암기·문법 중심의 교육에서 벗어나, 실질적인 의사소통 능력과 문해력을 육성하는 방향으로 변화하고 있습니다. 특히 세계화와 디지털 전환의 가속화로 영어는 단순한 교과목을 넘어 아이들의 '미래를 여는 열쇠'로 여겨지고 있습니다. 여기에 '에듀테크(Edutech)'의 등장은 기존 교육의 한계(교사 1인 vs. 학생 다수, 수준 차이, 흥미 저조 등)를 극복하는 돌파구로 주목받고 있습니다.

왜 에듀테크일까요?

에듀테크는 인공지능(AI), 챗봇, 번역기, 앱, 실시간 피드백 도구 등 디지털 기술을 접목해, 학습자 한 명 한 명에게 맞춤형 학습과 실생활 기반 영어 경험을 제공합니다.

예컨대, AI 챗봇은 어린이들이 영어로 즉석에서 대화하며 자연스럽게 언어 감각을 키울 수 있게 도와주고, 번역기·작문 교정 앱·발음 피드백 등은 영어 실력 자가 진단 및 개선을 돕습니다.

부모와 자녀가 함께 활용할 수 있는 에듀테크 영어 교육 앱과 서비스에는 무엇이 있나요?

초등 영어 교육에 활용되는 에듀테크 서비스는 기능과 학습 목표에 따라 다양하게 분류될 수 있습니다. 이제 학습 단계와 목표에 맞춰 가정에서 쉽게 활용할 수 있는 대표적인 앱과 서비스를 범주별로 정리하여 보여드리겠습니다. 다음의 표를 참고하여 우리 아이에게 가장 적합한 도구를 선택하는 데 도움을 받으시길 바랍니다.

〈표 5-3〉 초등 영어 교육 에듀테크 앱 및 서비스

범주	앱/서비스	주요 학습 기능
대화 및 말하기 연습	AI 펭톡(PengTalk), 스픽(Speak), 링고라(Lingora), 케이크(Cake)	• 교과 연계 대화 • 실시간 발음 및 문장 피드백 • 영어 말하기 자신감 및 동기 부여
어휘/문장 학습 및 프로젝트	퀴즐렛(Quizlet), 클래스카드(Classcard), 워드월(Wordwall), 투닝(Tooning), 플립(Flip), 캔바(Canva), 북크리에이터(Book Creator)	• 퀴즈 및 게임을 통한 어휘 암기 • 창의적 프로젝트(영어책 만들기, 포스터, 신문), 협력 학습 증진
발음 교정 및 음성 피드백	플랭 스쿨(Flang School), 내추럴 리더(Natural Reader)	• 영어 문장 및 단어 읽기에 대한 AI 분석 • 정확도 및 억양 피드백, 반복 훈련을 통한 실력 향상
글쓰기 첨삭 및 사고 확장	ChatGPT, AI 튜터, 구글 번역, 파파고	• 영어 글쓰기 과제 첨삭 • 문법 및 표현 보완, 영어 질문을 통한 사고력 증진, 모르는 표현 즉시 확인

AI 펭톡(PengTalk)은 친근한 캐릭터와 함께 교과서 진도에 맞춰 아이가 직접 영어로 질문하고 답변을 할 수 있도록 도와주는 대화형 플랫폼입니다. 아이는 자연스럽게 영어로 말하는 연습을 하고, 곧바로 발음이나 문장 표현에 대한 피드백을 받을 수 있어, 영어 말하기에 대한 자신감과 동기, 실력이 한층 더 높아질 수 있습니다.

이 밖에도 다양한 영어 앱들이 일상 속에서도 영어를 더욱 쉽고 재미있게 익힐 수 있도록 도와줍니다. 스픽(Speak), 링고라(Lingora), 케이크(Cake) 같은 글로벌 앱들은 인공지능이 아이가 직접 영어로 대화하고 작성한 문장을 첨삭해 주거나, 실제 생활 속 영상과 음성을 활용해 자연스러운 영어 표현을 익힐 수 있는 방법을 제공합니다. 부모와 자녀가 함께 영상을 보며 발음 연습을 하거나, AI의 조언을 받아 올바른 표현을 배워갈 수 있습니다.

단어와 문장 학습에는 퀴즈와 게임을 결합한 퀴즐렛(Quizlet), 클래스카드(Classcard), 워드월(Wordwall), 투닝(Tooning), 플립(Flip), 캔바(Canva), 북 크리에이터(Book Creator) 등이 널리 이용됩니다. 이 앱들은 영어 단어를 게임처럼 익히거나 직접 포스터와 신문을 만드는 창의적 프로젝트에 활용할 수 있습니다. 아이가 협력하며 문제를 풀거나, 영어책 만들기와 영상 제작을 통해 자기만의 학습과 표현을 실현하는 과정에서 자연스러운 언어 발전이 이루어질 수 있습니다.

실시간 발음 교정이나 음성 피드백이 필요한 경우에는 플랭 스쿨(Flang School), 내추럴 리더(Natural Reader)와 같은 앱이 도움을 줄 수 있습니다. 아이가 직접 영어로 말한 내용을 AI가 피드백해 주어, 반복 훈련을 통해 점차 영어 말하기 실력과 자신감을 쌓아갈 수 있습니다. 이런 기능 덕분에 아이는 자신의 영어 발음이 어떻게 개선되고 있는지 바로 확인할 수 있습니다.

구글 번역이나 파파고와 같은 번역기는 아이가 학습하면서 모르는 단어나 문장이 나올 때 쉽고 빠르게 의미를 확인할 수 있게 해 줍니다. 자기가 쓴 영어 글을 직접 번역기를 통해 점검하면 실수도 줄이고 올바른 영어 표현을 자연스럽게 받아들일 수 있습니다.

최근에는 ChatGPT, AI 튜터와 같은 인공지능 챗봇도 초등 영어 교육에서 큰 인기를 끌고 있습니다. 영어로 질문을 하거나 글쓰기 과제를 첨삭 받으며, 아이가 직접 영어로 생각하고 대화하는 습관을 기르기에 알맞은 환경을 제공합니다. 꾸준히 활용할 경우 자기 주도적인 학습 태도와 창의적인 표현력 향상에 도움이 됩니다.

가정에서 에듀테크를 활용하여 영어를 성공적으로 지도하기 위해 어떤 원칙이 필요할까요?

가정에서 에듀테크 활용 영어 지도를 성공적으로 하려면 다음과 같은 기본 원칙이 필요합니다.

첫째, 아이의 수준과 특성에 맞는 도구를 선정합니다. 아이마다 영어 습득 속도와 학습 성향이 다르므로, 에듀테크 앱과 AI 챗봇, 번역기 등을 선택할 때는 반드시 아이의 현재 영어 실력과 흥미를 고려해야 합니다. AI 펭톡(PengTalk)과 같이 우리나라 초등 교과서와 연계되어 있고 학습 진단 기능이 포함된 프로그램을 활용하면, 기초부터 차근차근 체계적으로 따라갈 수 있어 학습 효과가 높아집니다.

둘째, 명확한 목표를 설정하고 생활 속에서 즐거움을 느끼며 꾸준하게 영어 습관을 형성할 수 있도록 합니다. 매일 10~20분씩 규칙적으로 영어 학습 앱, 영어 동화책 오디오, 영어 영상 등 다양한 디지털 자료에 노출시키는 것이 효과적입니다. 부모와 자녀가 함께 학습 목표를 세우고, 하루 학습을 마친 후 느낀 점을 공유하는 시간을 갖는 것도 매우 중요합니다. 이렇게 하면 아이의 학습 참여도와 동기가 지속적으로 유지됩니다.

셋째, 개인 정보 보호와 보안 관리를 철저히 합니다. 에듀테크 앱 사용 시 개인 정보 제공 범위, 온라인 대화 내용의 저장 여부, 접속하는 사이트의 안전성 등 여러 보안 관련 사항을 반드시 확인하고 안전하게 사용하는 것이 필수입니다. 특히 초등학생 연령대에 맞는 서비스인지, 부모의 관리 기능이나 차단 기능이 있는지 확인해야 합니다.

넷째, 온라인 학습과 오프라인 활동의 연계가 이루어지도록 합니다. 디지털 학습에만 의존하지 않고, 아이가 영어로 직접 말하기, 영어 관련 게임, 역할극 등 오프라인 활동을 병행하도록 지도하면 언어 사용 경험이 실생활로 자연스럽게 확장됩니다. 이는 영어 능력의 총체적 향상과 자신감 증대에 큰 도움이 됩니다.

다섯째, 학습자 수준별 및 맞춤형 그리고 창의 활동을 강조합니다. AI가 알려주는 표현을 맹목적으로 외우지 않고 "왜 이런 표현을 쓸까?", "더 나은 예시를 만들어 볼까?" 같은 활동(내가 만든 일기 · 영어 신문 · 퀴즈 만들기 등)을 통해 학생의 비판적 사고와 창의력이 확장될 수 있도록 합니다.

에듀테크를 활용한 효과적인 주간 영어 학습은 어떻게 설계해야 할까요?

주중에는 짧고 지속적으로, 주말에는 아이가 적극 참여할 수 있는 창의적 프로젝트를 시도해 보는 것이 좋습니다. 부모와 함께 "오늘은 어떤 표현을 새로 배웠니?", "AI가 알려준 표현 중 더 좋은 게 있을까?" 등 대화를 나누며 학습을 자연스럽게 생활에 녹입니다.

다음은 에듀테크를 활용한 영어 지도 일주일 루틴 예시입니다.

〈표 5-4〉 일주일 루틴 예시

요일	활동 예시	활용 도구(앱)
월	AI 펭톡 대화, 단어 퀴즈	펭톡, 퀴즐렛, 클래스카드
화	영어 동화책, AI 첨삭 작문	북 크리에이터, ChatGPT, 번역기
수	영어 발음 게임, 음성 피드백	플랭 스쿨, 내추럴 리더, YouTube 영어 채널
목	영어 오디오북, 대화 질문 만들기	오디오북 앱, ChatGPT
금	영어 유튜브 보기 및 본인 감상 말하기	YouTube 키즈, AI 펭톡
토/일	영어 역할극, 포스터/신문 만들기	캔바, 플립, 투힝, 클래스카드

월요일은 AI 펭톡 앱에서 제공하는 대화형 영어 학습 기능을 활용해 아이가 직접 AI와 영어로 질문하고 답변하는 대화 연습을 합니다. 교과서 진도와 연계된 주제로 말하기 자신감을 기르

고, 자연스러운 표현 습득을 목적으로 합니다. 동시에 퀴즐렛(Quizlet)과 클래스카드(Classcard) 앱을 통해 단어 퀴즈를 풀며 어휘력을 강화합니다. 민감한 단어 선택과 텍스트 기반 퀴즈를 반복적으로 풀어 어휘 장기 기억에 도움을 줍니다.

화요일은 북 크리에이터(Book Creator) 앱을 활용해 아이가 직접 영어 동화책을 읽고 이해한 내용을 바탕으로 간단한 영어 문장을 만들고 작성하게 합니다. 이후 ChatGPT를 통해 문장 첨삭을 받아 문법, 표현, 구문 구조를 보완하면서 점진적으로 글쓰기 실력을 키웁니다. 모르는 표현은 번역기(예: 파파고, 구글 번역)를 활용해 즉시 확인하며 글쓰기 중 이해도를 높입니다.

수요일은 플랭 스쿨(Plang School), 내추럴 리더(Natural Reader) 앱을 통해 아이가 영어 문장이나 단어를 읽으면 AI가 발음을 분석하여 정확도와 억양에 대해 피드백을 제공합니다. 재미있는 게임 형식으로 구성돼 아이가 지속적으로 참여할 수 있도록 동기를 부여하며, 동영상 강의나 영어 유튜브 채널에서 원어민 발음과 함께 반복 청취 및 섀도잉 연습을 통해 자연스러운 발음을 익힙니다.

목요일은 아이가 흥미를 느낄 수 있는 영어 오디오북 앱에서 매주 새로운 이야기를 듣고, 내용을 이해한 뒤 ChatGPT를 통해 그에 대한 대화형 질문을 만들어 봅니다. 질문 작성 및 대답 연습을 하면서 말하기, 사고력, 표현력 증진을 도모할 수 있습니다. 오디오북 청취는 듣기 실력 향상과 함께 어휘력 증가에 도움을 줍니다.

금요일은 YouTube 키즈에서 아이가 관심을 가지는 주제의 교육 영상이나 애니메이션을 선정해 시청합니다. 이후 AI 펭톡 앱으로 짧은 감상이나 느낀 점을 영어로 말하는 연습을 반복하여, 실제 활용되는 영어 표현 습득과 말하기 자신감 증진에 집중합니다. 부모가 함께 보고 적절한 피드백을 주는 것이 효과적입니다.

토요일과 일요일은 캔바(Canva), 플립(Flip), 투닝(Tooning), 클래스카드(Classcard) 등을 활용해 주말 동안 아이가 직접 영어 역할극 대본을 작성하고 연기하거나, 영어 포스터와 신문을 만듭니다. 그래픽 편집도구와 영상 제작 도구를 통해 영어 창의력과 표현력을 키울 수 있습니다. 또한 가족이나 친구들과 역할극을 하며 실제 대화를 연습하면 영어 활용 실력이 자연스럽게 향상됩니다.

나가기

에듀테크는 우리 아이들이 영어에 대한 막연한 두려움을 없애고, 즐거운 놀이처럼 영어를 받아들이게 할 것입니다. 명확한 목표 설정, 꾸준한 습관 형성, 그리고 온라인과 오프라인 활동의 적절한 연계를 통해, 학부모님과 자녀가 함께 디지털 시대의 새로운 영어 교육 경험을 성공적으로 이어가시기를 응원합니다. 에듀테크를 통해 우리 아이들은 영어를 미래를 여는 진정한 열쇠로 활용하게 될 것입니다.

라. 가정에서 아이와 함께하는 영어 루틴, 어떻게 만들 수 있을까?

들어가기

영어를 배울 때 책상 앞에 앉아서 책만 보고 있다고 아이의 영어 실력이 늘까요? 생활에서 자연스럽게 영어를 접하고 사용할 때 아이는 영어를 더 빨리 흡수할 것입니다. 매일 아침 일어나 세수하고 양치하듯이 가정에서 간단한 영어 루틴을 정하고 꾸준히 실천해 간다면 영어가 지루한 학습이 아닌 일상이 될 수 있지요.

짧고 간단한 영어 루틴, 어떻게 만들어 볼까요?

하루 중 짧은 순간을 의미 있게 활용하여 영어로 소통하는 방법에는 무엇이 있을까요? 하루를 시작하고 마무리하는 동안 다양한 영어 표현을 녹여낼 수 있는 순간이 분명히 있습니다. 이런 순간들을 잘 활용해서 아이들이 영어를 일상의 소통 도구로 인식하도록 하는 것이 중요합니다. 특히, 매일 꼭 사용할 루틴 영어 문장 20~30가지를 정해 반복적으로 사용한다면 아이는 영어와 더욱 친숙해질 것입니다.

★ 기분 좋은 에너지가 솟아나는 아침 시간, 아이가 일어날 때 이렇게 말해 보는 것은 어떨까요? "Good morning, sweetie!

Did you sleep well?" 창밖을 보며 바깥 날씨를 묻고 답하는 것도 좋은 방법입니다. "Look! How's the weather today?" "It's sunny." 아침 식사를 준비할 때도, 옷을 입을 때도 간단한 질문이나 지시를 해볼 수 있습니다. "Do you want some juice?" "Put on your T-shirt, please." 등의 표현을 사용하여 짧은 대화지만 매일 반복해서 말한다면 습관이 될 것입니다.

★ 외출해서도 영어는 계속 사용할 수 있습니다. 길에서 만나는 많은 것들이 대화의 멋진 소재가 될 수 있지요. 지나가는 노란색 자전거를 보면서 "Look at that yellow bicycle!"이라고 외치거나, 가로수를 세어보며 "How many trees are on the street?"라고 물어볼 수 있어요. 아이와 함께 마트에 가서도 여러 가지 표현을 사용해 보세요. "Let's find something red!"라고 말하며 빨간색 물건을 찾아보라고 하거나, 과일이나 채소를 파는 곳에서 "What's your favorite fruit/vegetable?"이라고 물어볼 수 있습니다. 아이의 일상 경험과 영어를 연결하면 영어가 더 친밀해질 것입니다.

★ 잠자리에 들기 전, 하루를 되돌아보는 시간을 가지며 영어 루틴을 마무리해 보세요. "What was the best part of your day?"라고 질문하며 아이가 하루를 보내며 좋았던 순간을 얘기하도록 합니다. 대답이 바로 나오지 않으면 "My favorite part of the day was eating chicken with you. What about you?"처럼 부모가 먼저 운을 떼며 아이의 대답을 끌어낼 수 있지요.

〈표 5-5〉 시간대별 영어 표현 모음

시간	영어 표현
Morning	Good morning! Did you sleep well?
	What do you want for breakfast?
	Have a great day at school!
Afternoon	Welcome home! How was school?
	Do you have any homework today?
	Take a little break.
Evening	Time to take a shower.
	Let's prepare your school bag.
	Good night, sweet dreams.

이런 짧은 순간을 영어와 연결하면 아이는 영어를 편하고 즐겁게 접하면서 자신감을 키울 수 있습니다. 아이가 간단하고 쉬운 표현을 꾸준히 반복할 수 있도록 도와주세요.

영어에 놀이를 접목해 보면 어떨까요?

영어를 사용하는 것이 아이에게 힘든 학습이 아닌 즐거운 놀이가 된다면 얼마나 좋을까요? 영어 놀이라는 재미있는 활동은 아이들이 영어를 거부감 없이 받아들이게 하는 방법이 될 수 있어요.

★ 아이와 보물찾기 게임을 하며 새로운 표현을 알려줄 수 있습니다. 아이에게 "Find something round!"라고 말하며 집 안에서 둥근 물건을 찾아오게 하거나, "Find something purple!"

이라고 지시하며 보라색 물건을 찾아보게 합니다. 아이가 보물찾기에 성공했을 때 "That's a purple toy. Good work!"라고 칭찬해 주면 아이는 성취감을 느끼며 또 다른 놀이를 기다리게 될 것입니다. 간단한 표현에 익숙해지면 문장 구조를 조금씩 복잡하게 하여 긴 문장을 사용할 수도 있습니다. "Find the cap in the box!"처럼 문장에 전치사를 넣을 수도 있지요.

★ 역할 놀이는 상황과 맥락에 어울리는 영어 표현을 배우는 데 효과적입니다. 아이가 아끼는 인형이나 자주 가지고 노는 장난감을 활용해 운동 선수, 요리사, 의사 등 다양한 역할을 시도해 보세요. "Hello, I'm your doctor. What's wrong?"과 같은 간단한 문장으로 대화를 시작할 수 있습니다. 아이가 좋아하는 캐릭터나 슈퍼 히어로를 흉내 낼 때는 "Don't worry. I'm here to help you!"나 "I've got super power!"와 같은 에너지 넘치는 표현도 사용할 수 있습니다. 역할 놀이를 통해 아이는 영어가 실제 삶에서 어떻게 쓰이는지 자연스럽게 체득하게 됩니다.

★ 노래나 찬트를 통해서도 아이들은 영어를 쉽고 재미있게 접하면서 영어 소리와 문장 패턴을 익힐 수 있습니다. "Let's dance and sing together!"라고 말하며 아이와 함께 율동에 맞춰 노래해 보세요. 「12 Monthes of the Year」 같은 노래는 열두 달의 영어 이름을, 「Do You Like Broccoli Ice Cream?」 노래는 'Do you like ~?' 패턴을 연습하는 데 효과적입니다.

〈표 5-6〉 주제별 영어 노래 모음

주제	영어 노래 제목
숫자	Count to 100 Silly Song
색깔	The Colors of the Rainbow
동물	All ANIMAL Songs!
요일	7 Days in a Week
월	12 Months of the Year
유튜브 채널 「Jack Hartmann Kids Music Channel」	
주제	**영어 노래 제목**
감정	Hello!
날씨	How's the Weather?
가족	The People in My Family
음식	Do You Like Broccoli Ice Cream?
직업	When I Grow Up
유튜브 채널 「Super Simple Songs」	

이처럼 영어와 놀이를 결합하면 아이의 학습 흥미는 올라가고, 영어를 꾸준히 접하는 긍정적인 습관을 형성하게 될 것입니다.

영어책 읽기와 일기 쓰기도 루틴으로 만들어 볼까요?

★ 영어 그림책과 동화책은 영어를 친숙하게 만들어 주는 좋은 도구입니다. 처음부터 긴 문장으로 이루어진 책보다는 짧고 반복적인 문장이 많은 책부터 시작해 보세요. 또 같은 책을 여러 번 반복하여 읽어주면 문장 구조와 발음에 익숙해질

수 있습니다.

부모가 책을 읽어줄 때는 아이가 먼저 그림을 보며 내용을 짐작하게 하고, 모르는 단어는 그림으로 유추하도록 도와주세요. "What do you think will happen next?"와 같은 질문을 던지며 아이의 상상력을 깨워줄 수 있습니다. 더불어 영어책으로 bedtime reading을 하면 아이는 편안하고 안정된 분위기에서 영어를 만나게 되는 동시에 부모와 정서적 유대감을 쌓는 의미 있는 시간을 보내게 될 것입니다.

★ 짧은 영어 일기 쓰기도 루틴에 넣어보세요. 아이들이 처음부터 완벽한 문장으로 긴 글을 쓰는 것은 불가능합니다. "I played baseball.", "I ate a hamburger.", "I'm happy."와 같이 하루 동안 무엇을 했는지, 무엇을 먹었는지, 기분은 어떤지 두세 문장의 일기를 써보도록 해보세요. 짧은 문장이라도 "That's a good sentence! You played baseball with your friends." 라고 칭찬해 주면서 자연스럽게 문장을 확장해 주면 좋습니다. 물론 틀린 부분이 많아 당장 수정부터 해주고 싶은 마음이 들 수도 있습니다. 그렇지만 오류나 실수를 지적하기보다 아이의 노력을 인정하고 매일 꾸준히 쓸 수 있도록 격려하는 것이 좋습니다. 자기 생각과 감정을 글로 표현하는 과정에서 영어 사용에 많은 자신감을 얻게 될 것입니다.

성공적인 영어 루틴을 위한 부모의 자세는 무엇일까요?

많은 부모가 자신의 영어 실력이 부족하다고 말하며 일상에서 아이와 영어로 대화하기를 망설입니다. 하지만 아이와 함께하는 영어 루틴에서 가장 중요한 것은 부모의 유창한 영어 실력이 아닙니다. 오히려 부모가 "나도 이 단어는 잘 모르겠네. 우리 같이 찾아볼까?"라고 말하며 배움을 함께 해 나가는 모습을 보여주면 아이 또한 즐거운 마음으로 동참할 것입니다. 사전이나 번역 앱을 활용해 궁금한 것을 함께 찾아보는 모습을 통해 아이는 '영어를 모르는 것은 당연하고, 배우는 것 자체가 즐거운 일'이라고 인식하게 될 것입니다. 영어에 대한 부담감은 덜어주고, 새로운 것을 배우는 즐거움을 느끼게 하는 것이야말로 꾸준한 영어 학습의 가장 큰 원동력이 됩니다.

성공적인 영어 루틴을 위해서는 목표를 단순하게 설정하고, 목표를 하나씩 달성해 나가면서 성취감을 느끼게 하는 것이 중요합니다. 하루 한 문장 말하기, 영어 일기 세 문장 쓰기, 잠들기 전 영어 그림책 서너 장 읽기 등 아주 간단한 목표를 세운 뒤, 목표를 달성하면 달력에 별을 그려 넣고 "Finally, we made it!"이라고 외치며 서로를 칭찬해 주세요. 만에 하나 루틴을 지키지 못했다고 하더라도 실망하거나 좌절하지 말아야 합니다. "조금 쉬었다가 힘을 내서 다시 시작하면 돼!"라는 응원과 격려의 말로 다독여 주세요. 영어 루틴을 완벽하게 지키면 더없이 좋지만, 그것보다 더 중요한 것은 즐겁게, 또 꾸준히 이어가는 것입니다.

나가기

거창한 계획보다는 간단한 인사나 질문, 그림책 한 장, 일기 한 줄의 실천이 더 큰 힘을 발휘합니다. 영어가 일상에 스며들고, 놀이가 되며, 습관으로 자리 잡을 때 아이는 세상으로 나가 사람들과 영어로 즐겁게 소통할 수 있을 것입니다.

마. 영어 원어민 발음과 다른 우리 아이 영어 발음?

들어가기

국제 사회에서 다른 나라의 사람들과 대화하기 위해서는 어떤 언어를 배워야 할까요? 네, 영어입니다. 영어는 국제 공용어의 지위를 가지고 있어서 우리나라를 포함한 전 세계의 어린이들이 학교에서 영어를 배우고 있습니다.

영어는 올림픽과 같은 국제 행사의 공식 언어로 사용됩니다. 국제연합(UN)이나 유럽연합(EU) 등이 주관하는 국제 회의, 음악과 영화 같은 대중문화에서도 영어가 가장 큰 비중을 차지하죠. 우리 아이가 국제 사회의 일원으로서 살아가기 위해서는 영어 학습이 필수적입니다.

전 세계 사람들은 어떠한 상황에서 영어를 사용할까요?

전 세계적으로 영어를 사용하는 상황은 크게 세 가지로 분류할 수 있어요. 첫째, 미국, 영국과 같은 모국어로 영어를 사용하는 모국어 상황이 있어요. 둘째, 싱가포르, 필리핀과 같이 공식 언어, 공용어로 영어를 사용하는 제2언어 상황이 있어요. 셋째, 우리나라, 일본과 같이 외국어로 영어를 사용하는 외국어 상황이 있어요.

모국어 상황에서 영어를 사용하는 사람은 전 세계 영어 사용자의 4퍼센트 정도만 차지한다고 해요. 모국어로 영어를 사용하는 사람들보다 제2언어나 외국어로 영어를 사용하는 사람이 압도적으로 더 많다는 것이지요. 따라서 앞으로 우리 아이가 외국인과 영어로 대화할 때, 모국어 화자보다 제2언어나 외국어 화자와 대화할 가능성이 더 큽니다.

영어는 영국만의 언어일까요?

이제 영어는 더 이상 영국만의 언어가 아니에요. 그리고 미국, 호주처럼 모국어로 영어를 쓰는 사람들만이 영어의 주인이 아니에요. 세계 여러 나라의 사람들이 의사소통을 하기 위하여 영어를 사용하고 있어요. 다시 말해서, 영어는 전 세계 모든 사람의 언어예요.

글로벌 영어란 무엇인가요?

최근에는 글로벌 영어(Global Englishes, GE)라는 용어가 등장했어요. 글로벌 영어란 더 이상 미국, 영국과 같은 특정 나라의 언어가 아니라 세계 사람들이 여러 목적과 상황에서 의사소통하기 위해 사용하는 언어라는 의미예요.

글로벌 영어 관점에서는 국제 사회에서 여러 사회와 문화, 언어의 다양성을 인정하고, 지구상에 존재하는 여러 형태의 영어, 그리고 그 지역만의 영어를 사용하는 사람들을 존중해요. 세계화에 따라 여러 가지 영어를 모두 영어로 인정하면서 동시에 언어적 정체성에 대한 인식을 강조해요.

미국 영어나 영국 영어와 똑같이 말하지 않고 한국식 발음이나 억양이 섞인 영어를 말한다고 움츠러들 필요가 없어요. 내가 영어의 소유권을 가지고 자신의 정체성을 인정하고 포용하는 것이지요.

일부 사람들은 BBC 영국 공영 방송에 나오는 영국 발음(Received Pronunciation, RP)만을 정확한 영어로 오해하기도 해요. 일부 영어 교재에서는 BBC 방송의 발음만을 기준으로 제작하기도 하지요.

하지만, 실제 영국 사람들이 그렇게 발음할까요? 영국 전체 인구의 3~6퍼센트만이 RP로 발음해요. 대부분 영국인은 다양한 영어와 발음을 허용하며 의사소통한다는 의미지요.

미국의 경우는 어떨까요? 미국 CNN 공영 방송에는 미국 내에서 지역색이 강하지 않은 일반적인 영어(General American)가 주로 등장해요. 하지만, 이것은 표준어가 아니에요. 미국에서는 표준 발음이 따로 없고, 오히려 지역, 문화, 인종 등에 따라 다양한 어휘, 발음, 표현을 사용해요.

한국식 발음이 잘못된 걸까요?

과거에는 영국, 미국과 같은 모국어 화자의 발음만 정확한 발음으로 인정했어요. 오늘날에는 지역과 문화에 따라 여러 형태의 영어가 존재하며, 발음과 억양 차이 또한 모두 영어의 한 형태로 존중되고 있습니다.

과거에는 모국어 화자의 발음을 모방하는 것을 목표로 교육했어요. 최근에는 다양한 영어를 인정하고 존중하는 글로벌 영어의 관점에 따라 모국어 화자의 발음을 모방하는 것에 목표를 두지 않습니다.

외국어 어투가 분명하더라도 상대방의 특별한 노력 없이도 이해될 수 있는 정도면 충분합니다. 한국식 어투나 발음이 있어도 외국인과 대화할 때 의사소통이 가능한 수준이면 아무런 문제가 되지 않다는 것이지요.

저는 세계 여러 영어 교육학자들이 모인 학술 행사에 참석한 적이 있습니다. 그때 한 저명한 교수님께서 영어 강연을 이렇게 시작하셨어요. "저는 싱가포르에서 왔고, 싱가포르 영어로 강연할 겁니다. 제 발음이나 표현을 이해하는 데 어려움이 있다면, 주저하지 마시고 바로 손을 들어주십시오. 더 천천히 말하거나 다른 표현으로 다시 말하겠습니다." 당당하게 자신의 영어로 정체성을 표현하면서도 또 다른 영어를 사용하는 사람들을 배려하고 명확한 의사소통에 대한 책임을 강조하는 인상적인 태도였습니다.

아이가 한국식으로 발음한다고 질책하거나 수치심이나 죄책감을 느끼도록 지도하는 것은 바람직한 방법이 아니에요. 한국인의 정체성을 가지고 당당하게 영어로 자기 생각을 표현하도록 지도하는 것이 더 중요해요.

예를 들어, 인도식 영어를 사용하는 친구를 만났을 때 그들의 발음이 잘못되고 이상해서 못 알아듣겠다는 식의 태도는 바람직하지 않아요. 인도식 영어를 접하면서 그들의 문화와 정체성이 담긴 영어를 존중하고 이해하는 것이 중요하지요. 그리고 내가 아는 미국식 영어만 정확하고 올바른 영어가 아니라, 다른 발음이나 억양으로 표현되는 영어도 있다는 사실을 깨달을 수 있어요.

세계 사람들은 여러 형태의 영어를 사용해요. 아이들이 다양한 문화와 정체성을 존중하는 마음을 가지고 세계에는 다양한 영어가 있다는 것을 깨닫고 이를 존중하는 태도가 중요해요.

효과적인 발음 전략이 필요합니다

살아가면서 수많은 종류의 영어를 모두 접할 기회가 없고, 모든 영어를 명확하게 이해하기 어려운 건 당연한 현실이에요. 내가 그동안 접했던 영어가 아닌 새로운 영어를 접했을 때 의사소통이 어렵다고 해서 주눅 들거나 움츠러들 필요가 없어요.

지금보다 더욱 세계화된 시대에 살아갈 아이들이 다양한 영어를 접했을 때에 영어를 자신 있게 사용할 수 있도록 준비시키는 것이 필요해요. 그러기 위해서는 새로운 형태의 영어를 접했을 때 활용할 수 있는 효과적인 발음 전략 지도가 필요합니다.

대화할 때 상대방에게 직접 도움을 요청하는 전략을 사용할 수 있어요. 상대방의 발음을 잘 이해하기 어려울 때는 "다른 말로 설명해 주세요", "다시 한번 말해 주세요", "천천히 말해 주세요"라고 부탁하는 도움 요청하기 전략을 쓸 수 있어요.

그 외에 외국인과 영어로 직접 의사소통하는 상황이 아니어도 가정에서 여러 전략을 사용할 수 있어요.

아이가 다양한 지역에서 사용되는 영어로 된 책이나 영상을 접하면 여러 형태의 영어에 자연스럽게 익숙해질 수 있습니다. 인도, 호주, 싱가포르 등 여러 나라에서 제작된 영어책이나 애니메이션을 통해 다양한 영어의 발음과 표현을 경험해 볼 수 있어요.

인터넷 사전이나 AI 말하기 애플리케이션을 활용하거나, 친구나 가족의 도움을 요청하는 방법은 효과적인 사회적 전략이 될 수 있어요. 또, 어려운 발음이나 강세, 억양을 여러 번 반복하여 읽거나, 처음에는 천천히 또박또박 연습하다가 어느 정도 익숙해지면 점차 빠르게 속도를 높여 읽는 방식도 도움이 됩니다.

나가기

아이가 외국인을 만날 때 이렇게 대화를 시작하면 어떨까요? "Hello! I'm from Korea. If my Korean English is hard to understand, please let me know. I'll say it again." 이처럼 다양한 영어를 존중하고, 한국식 발음이 조금 섞여 있어도 자신 있게 의사소통할 수 있도록 돕는 것이 중요합니다.

바. 좋은 영어 교재를 고르는 기준

들어가기

온・오프라인 서점에는 수십 종의 초등 영어 교재가 판매되고 있습니다. 오프라인 서점에서 눈에 띄는 좋은 위치에 놓여있는 책, 펼쳤을 때 내용이 한눈에 들어오는 책을 구매한 경험이 한 번쯤은 있으실 거고요. 온라인 서점에서는 판매 순위나 구매한 사람들의 리뷰 등을 많이 참고하실 텐데요.

그렇다면 좋은 영어 교재를 고르는 기준은 무엇일까요? 다음 다섯 가지 기준을 고려한다면 영어 학습 효과를 높일 수 있는 교재를 고를 수 있습니다.

첫째, 교육부 지정 초등 800단어가 잘 반영되어 있나요?

2022 개정 영어과 교육과정에서는 초등학생들이 필수적으로 학습해야 하는 800단어를 제시하고 있습니다. 출판사별 영어 검정 교과서에서 제시하고 있는 단어 중 90% 이상은 초등 800단어들입니다. 그만큼 초등 800단어가 중요하다는 뜻인데요. 그렇다면 시중에서 판매되는 영어 교재에는 초등 800단어가 어느 정도 반영되어 있을까요? 다음 제시된 단어 8개 중에 초등 800단어를 골라보세요.

muscle, bone, heal, stomach, health, blood, finger, arm

8개 단어 중 초등 800단어는 4개(bone, blood, finger, arm)뿐입니다. 여러분은 맞게 고르셨나요? 위에 제시된 8개 단어는 시중에서 판매되고 있는 초등 영어 교재에서 발췌한 단어들인데요. 그렇다면 왜 800단어 이외의 단어들이 제시되어 있는 걸까요?

보통 영어 교재는 신체, 운동, 음식 등 주제별로 챕터가 구성된 경우가 많은데요. 초등 800단어를 주제별로 나눈다면 100여 개 이상의 주제가 필요합니다. 그만큼 다양한 분야의 단어들이 포함되어 있다는 뜻인데요. 영어 교재는 200쪽 내외의 제한된 분량 안에서 최대한 많은 단어를 다뤄야 합니다. 따라서 각 챕터의 주제에 맞는 단어를 선정하는 과정에서 초등 800단어 이외의 단어를 포함시키는 경우도 생깁니다.

물론 위에 제시된 8개 단어는 모두 중요한 단어들입니다. 하지만, 어떤 단어를 우선적으로 학습해야 하는지를 따졌을 때는 상황이 달라집니다. 제한된 시간 안에 효율적으로 학습하기 위해서는 교육부에서 선정하여 초등 영어 교과서에 수록된 단어들을 우선적으로 학습할 필요가 있습니다. 그러므로 학생들이 사용하는 영어 교재에 교육부 지정 800단어가 얼마나 반영되어 있는지 살펴보는 것이 중요합니다.

둘째, 단어와 문장이 조화롭게 제시되어 있나요?

영어 교재를 펼쳤을 때 영단어와 뜻이 쭉 나열된 경우가 있습니다. 구성이 간단하기 때문에 학생들이 직관적으로 영단어를 학습할 수 있다는 장점이 있는데요. 그러나 이러한 학습법이 영어 의사소통 능력에는 큰 도움이 되지 않습니다. 해외 여행을 하다 보면 현지인과 '영단어'로만 소통하는 한국인을 종종 볼 수 있습니다. 예를 들어, 물건값을 흥정할 때 "Discount!"를 외치지 "Please give me a discount on this item." 이렇게 완성된 문장을 말하는 사람은 많지 않습니다. 중, 고등학교 시절 영어 시험 고득점을 위해 영단어만 열심히 외웠기 때문인데요. 학창 시절 영어 학습을 위해 쏟은 시간과 에너지에 비해 실전 활용 정도는 매우 비효율적이라고 할 수 있습니다. 80~90년대 학창 시절을 보낸 부모 세대는 이런 시행착오를 겪었을 텐데요. 지금 학생들은 달라져야 합니다.

영어는 하나의 언어입니다. 세상의 어떠한 언어도 단어로만 소통하는 경우는 없습니다. 단어는 문장 안에서 그 의미가 구현됩니다.

Can you play the piano? (연주하다)
Can you play soccer? (운동하다)

두 문장 안에서 쓰인 play는 각각 다른 의미를 나타내고 있습니다. 이처럼 영단어는 문장 안에서 학습이 이루어져야 합니다. 영단어만 나열되어 있는 책보다는 문장 안에서 영단어가 어떻게 쓰이는지는 알 수 있는 영어 교재가 좋은 교재입니다. 단, 영어를 처음 접하는 학생들일 경우 처음부터 영어 문장을 학습하면 어려울 수도 있습니다. 이런 경우에는 영단어를 기본으로 학습하고 그 영단어가 포함된 예시 문장을 단계적으로 학습할 수 있도록 구성된 영어 교재를 선택하는 것도 좋은 방법입니다.

셋째, 쪽지 시험이 제시된 라떼 시절 책은 아닌가요?

쪽지 시험은 단기간에 많은 영단어를 학습할 수 있는 효과적인 방법임에는 틀림없습니다. 하지만, 기억의 지속성은 보장되지 않습니다. 제가 학교에서 근무할 때 쉬는 시간에 필수 1000단어, 필수 1300단어와 같은 단어장(?)을 달달 외우는 학생들을 종종 봤는데요. 가까이 다가가서 일주일 전에 학습한 단어를 물어보면 거의 대답하지 못했습니다. 그렇다면 그 학생들이 암기를 잘못한 것일까요? 그렇지 않습니다. 인간의 뇌가 그렇습니다.

쪽지 시험은 단기 기억을 위한 학습법인데요. 단기 기억에서 장기 기억으로 넘어가기 위해서는 학습이 맥락(경험) 안에서 이루어져야 합니다. 즉, 영단어나 문장을 친구나 가족과 연습하거나 실제 상황에서 사용해 볼 때 오래 기억할 수 있습니다. 스스로 학습할 때에도 반복적으로 외우기보다는 관련 그림이나 영상과 함께 기억하는 것이 더 효과적입니다.

그러므로 영어 교재를 고를 때에는 우리말 뜻을 보고 영단어 쓰기, 영단어 보고 우리말 뜻 쓰기 등의 단편적인 학습이 제시된 교재보다는 제시된 그림에 맞게 영어 문장 완성하기, 들려주는 대화를 듣고 대화 완성하기 등 장기 기억 요소를 조금이라도 자극할 수 있는 내용이 포함된 교재를 고르는 것이 훨씬 효과적입니다. 이런 맥락에서 초등 영어 교과서에도 다양한 삽화와 동영상, 음성 자료 등이 제시되어 있습니다. 단편적인 학습보다는 입체적인 학습이 가능한 교재가 좋은 교재라고 할 수 있습니다.

넷째, QR 코드 안에는 어떤 내용이 들어있나요?

요즘 영어 교재는 필수적으로 음성 파일을 제공합니다. 불과 몇 년 전만 하더라도 출판사 홈페이지에서 음성 파일을 다운받았어야 했는데, 지금은 QR 코드를 통해 손쉽게 음성 파일을 들을 수 있게 되었지요. 그런데 음성 파일을 듣지 않고 영어 교재를 구매하는 경우가 더러 있습니다. 출판사에서 음성 파일을 잘 만들었을 거라는 믿음 때문인 것 같은데요. 그러나 그런 믿음은 갖지 않는 것이 좋습니다. QR 코드에 접속해서 음성 파일을 확인하는 데 5분도 걸리지 않으니 꼭 들어보셔야 합니다. 음질이 깨끗한지, 원어민 발음이 명확한지, 영어를 말하는 속도가 적절한지 살펴볼 필요가 있습니다. 같은 원어민이라도 출신 지역, 전공에 따라 수준 차이가 꽤 많이 납니다. 우리나라에 비영어권 지역 출신 원어민 강사도 의외로 많습니다. 게다가 요즘엔 AI 프로그램을 활용해서 기계적인 목소리로 음성 파일을 제작하는 경우도 있습니다.

초등 영어는 문자 언어보다는 음성 언어의 비중이 높기 때문에 음성 파일의 질은 매우 중요합니다. 또한, 초등학생들은 모방 심리가 매우 강합니다. 인기 있는 연예인들의 말투, 행동들을 곧잘 따라 합니다. 영어 학습도 마찬가지입니다. 올바른 영어 발음을 들어야 올바른 영어 발음을 구사할 수 있습니다. 5분만 투자하면 학생들의 영어 학습 능력이 달라진다는 점을 기억해 주세요.

다섯째, 하루 학습 분량이 적절한가요?

초등학생의 집중력은 어른들이 생각하는 것보다 짧습니다. "라떼는 하루에 20개 단어를 외웠다"는 영웅담을 말씀하시면서 학생들에게 영어 학습을 재촉하시는 분들이 종종 계시는데요. 하루에 20개씩 단어를 외운다면 4년 동안 2500여 개 단어를 외우게 되니 고등학교 3학년 수준이라고 할 수 있습니다. 하루에 20개씩 단어를 외운다는 건 결코 쉽지 않습니다.

영어는 단거리 달리기가 아니라 마라톤과 같습니다. 같은 내용을 지속적으로 반복하는 것이 중요합니다. 실제로 초등 5-6학년 영어 교과서를 살펴보면 한 단원에 새롭게 등장하는 단어는 10개 내외이며, 새로운 문장도 2~3개 정도입니다. 이러한 내용을 일주일에 3시간씩 2주 동안 반복 학습을 하며 익힙니다. 초등학생들의 능력을 과소평가하는 것이 아니라 이 정도 학습 분량이 초등학생에게 적절하기 때문입니다.

영어 교재를 선택할 때도 마찬가지입니다. 하루에 5~6개 단어와 문장을 학습할 수 있도록 구성된 교재가 좋습니다. 에빙하우스의 망각곡선에 따르면 24시간 이내에 복습하면 50% 이상 기억력이 향상된다고 합니다. 하루에 20개 단어를 외우기보다는 5~6개 영단어와 문장을 학습하고, 남은 시간 동안 전날 학습한 내용을 복습할 수 있는 시간을 확보하는 것이 훨씬 더 효과적입니다. 어른의 입장에서가 아닌, 학생의 발달 수준과 학습 능력을 고려하여 적절한 교재를 선택하는 것이 중요합니다.

나가기

비옥한 땅에서 곡식이 잘 자라는 것처럼 학생들의 영어 학습에서 영어 교재는 비옥한 땅과 같습니다. 온・오프라인 서점에서 겉표지 디자인이 깔끔한 책을 고르기보다는 조금 시간이 걸리더라도 가능한 여러 교재의 내용을 꼼꼼하게 따져서 아이에게 유익한 책을 고르시길 바랍니다.

부록

3학년 영어 교과서의 단원명 및 주요 의사소통 기능과 표현

단원	단원명	의사소통 기능과 표현
1	Hello, ABC	만나고 헤어질 때 하는 인사말 하기 • Hello[Hi]./Bye.
2	What's This?	무엇인지 묻고 답하기 • What's this/that? • It's a ball.
3	Sit Down, Please	지시하고 이에 말하기 • Sit down(, please). • Okay.
4	How Many Carrots?	채소, 과일의 개수 묻고 답하기 • How many carrots? • Four carrots.
5	I Like Salad	좋아하는 음식 묻고 답하기 • Do you like salad? • Yes, I do./No, I don't.
6	What Color Is It?	색깔 묻고 답하기 • What color is it? • It's green.
7	I Have a Pencil	물건을 가지고 있는지 묻고 답하기 • Do you have a pencil? • Yes, I do./No, I don't.
8	Can You Swim?	할 수 있는 것을 묻고 답하기 • Can you swim? • Yes, I can./No, I can't.
9	It's Big!	동물의 크기를 묘사하는 말 하기 • It's big.
10	Who Is He?	누구인지 묻고 답하기 • Who is he/she? • He's/She's my dad/mom.
11	How's the Weather?	날씨 묻고 답하기 • How's the weather? • It's sunny.

(출처: 동아 초등 영어 3학년 교과서, 윤여범 외 5인, 2025)

4학년 영어 교과서의 단원명 및 주요 의사소통 기능과 표현

단원	단원명	의사소통 기능과 표현
1	My Name Is Sally	이름 묻고 답하기 • What's your name? • My name is Sally.
2	This Is My Friend	다른 사람을 소개하고 이에 답하기 • This is my friend. • Nice to meet you.
3	Are You Happy?	감정이나 상태 묻고 답하기 • Are you happy? • Yes, I am.
4	Let's Play Soccer	제안하고 이에 답하기 • Let's play soccer. • Sounds good./Sorry, I can't.
5	Don't Run!	금지하고 이에 답하기 • Don't run. • Okay./Sorry.
6	What Time Is It?	시각 묻고 답하기 • What time is it? • It's eleven twenty.
7	Where Is My Shoe?	물건의 위치 묻고 답하기 • Where is my shoe? • It's under the table.
8	It's Sunday!	요일 묻고 답하기 • What day is it today? • It's Sunday.
9	Is This Your Cap?	물건의 주인인지 묻고 답하기 • Is this your cap? • Yes, it is./No, it isn't.
10	I'm Cooking	현재 무엇을 하고 있는지 묻고 답하기 • What are you doing? • I'm cooking.
11	How Much Is It?	물건의 가격 묻고 답하기 • How much is it? • It's 700 won.

(출처: 동아 초등 영어 4학년 교과서, 윤여범 외 5인, 2025)

5학년 영어 교과서의 단원명 및 주요 의사소통 기능과 표현

단원	단원명	의사소통 기능과 표현
1	I'm from Australia	출신 국가 묻고 답하기 • Where are you from? • I'm from Australia.
2	Whose Sock Is This?	물건의 주인 묻고 답하기 • Whose sock is this? • It's Rani's.
3	I Get Up at 5	일과 묻고 답하기 • What time do you get up? • I get up at 7.
4	Can I Borrow Your Cap?	허락 요청하고 답하기 • Can I borrow your pen? • Yes, you can./Sure./Sorry, you can't.
5	My Favorite Subject Is Art	좋아하는 과목 묻고 답하기 • What's your favorite subject? • My favorite subject is art.
6	I'll Go Camping	미래에 할 일 묻고 답하기 • What will you do this summer? • I'll go camping.
7	I Went to the Beach	과거에 한 일 묻고 답하기 • What did you do last summer? • I went to the beach.
8	How Much Are These Pants?	물건의 가격 묻고 답하기 • How much are these pants? • They're 30,000 won.
9	What Does He Look Like?	외모 묻고 답하기 • What does he look like? • He has blue eyes and short curly hair.
10	There Is a Bed in the Bedroom	장소 묘사하기 • There is a bed in the bedroom.
11	Where Is Happy Park?	길 묻고 답하기 • Where is the park? • Go straight two blocks and turn right. It's on your left.
12	I Want to Be a Pilot	장래 희망 묻고 답하기 • What do you want to be? • I want to be a farmer.

(출처: 동아 초등 영어 5학년 교과서, 정은숙 외 13인, 2026)

6학년 영어 교과서의 단원명 및 주요 의사소통 기능과 표현

단원	단원명	의사소통 기능과 표현
1	I'm in the Sixth Grade	학년 묻고 답하기 • What grade are you in? • I'm in the sixth grade.
2	What Would You Like to Have?	음식 주문하기 • What would you like to have? • I'd like to have a potato pizza, please.
3	I Have a Runny Nose	증상 묻고 답하기 • What's wrong? • I have a runny nose.
4	When Is the Field Trip?	날짜 묻고 답하기 • When is the field trip? • It's on May 22nd.
5	How About Turning off the Water?	권유하기 • How about turning off the water?
6	Do You Know Anything About *Yakgwa*?	어떤 것에 관해 알고 있는지 묻고 답하기 • Do you know anything about *Yakgwa*? • Yes, I do. It's a traditional Korean cookie./No, I don't.
7	How Often Do You Exercise?	빈도수 묻고 답하기 • How often do you exercise? • Four times a week.
8	Why Are You Happy?	감정이나 상태의 이유 묻고 답하기 • Why are you happy? • Because I won the soccer game.
9	I'm Going to Walk the Dog	계획 묻고 답하기 • What are you going to do tomorrow? • I'm going to go to the library.
10	I'm Taller Than You	비교하기 • I'm taller than you.
11	How Can I Get to the Library?	목적지에 가는 방법 묻고 답하기 • How can I get to the library? • Take Bus Number 5 and get off at the market.
12	What Do You Think?	의견 표현하며 동의 여부 묻고 답하기 • I think it's difficult. What do you think? • I think so, too./I don't think so.

(출처: 동아 초등 영어 6학년 교과서, 정은숙 외 13인, 2026)

〈참고 문헌 및 사이트〉

[1장]

Pioli, M. (2022). Teaching foreign languages through visual aids: The learning potential of art images. *Human Review: International Humanities Review, 11*(6), 1-17.

[2장]

교육부. (2022). **2022 개정 영어과 교육과정** (교육부 고시 제2022-33호[별책 14]). 세종: 교육부.

교육부, 한국교육과정평가원. (2023). **2022 개정 교육과정에 따른 검정도서 개발을 위한 편찬상의 유의점 및 검정기준**. 진천: 한국교육과정평가원.

윤여범, 최현숙, 장효진, 김주희, 김지혜, 문정현. (2025). *Elementary school English 3*. 서울: 동아출판(주).

윤여범, 최현숙, 장효진, 김주희, 김지혜, 문정현. (2025). *Elementary school English 4*. 서울: 동아출판(주).

정은숙, 권민지, 서미옥, 김동연, 정효준, 장안숙, 김주원, 신유진, 송지아, 김명순, 이주은, 강수경, 허진영, 이승관. (2026). *Elementary school English 5*. 서울: 동아출판(주).

정은숙, 권민지, 서미옥, 김동연, 정효준, 장안숙, 김주원, 신유진, 송지아, 김명순, 이주은, 강수경, 허진영, 이승관. (2026). *Elementary school English 6*. 서울: 동아출판(주).

정은숙, 권민지, 서미옥, 김동연, 정효준, 장안숙, 김주원, 신유진, 송지아, 김명순, 이주은, 강수경, 허진영, 이승관. (2026). *Elementary school English teachers' guide 6*. 서울: 동아출판(주).

Goodson, I. F. (1990). Studying curriculum: Towards a social constructionist perspective. *Journal of Curriculum Studies, 22*(4), 299-312.

[웹사이트]

동아출판(주). (n.d.). AIDT 교육 자료 사이트. 2025년 11월 15일, https://aidt.douclass.com/el/english.donga에서 검색했음.

두클래스. (n.d.). 두클래스 초등. 2025년 11월 15일, https://ele.douclass.com/에서 검색했음.

에듀넷. (n.d.). 2025학년도 디지털교과서 활용 안내. 2025년 11월 15일, https://dtbook.edunet.net에서 검색했음.

에듀넷. (n.d.). 디지털 교과서. 2025년 11월 15일, https://dtbook.edunet.net에서 검색했음.

에듀넷. (n.d.). 에듀넷. 2025년 11월 15일, www.edunet.net에서 검색했음.

에듀넷. (n.d.). 웹뷰어. 2025년 11월 15일, https://webdt.edunet.net에서 검색했음.

EBSe. (n.d.). EBSe. 2025년 11월 15일, https://www.ebse.co.kr에서 검색했음.

[3장]

서은실, 이완기. (2016). 초등 예비 교사의 교실 영어 오류 분석. **초등영어교육, 22**(2), 157-185.

윤여범, 최현숙, 장효진, 김주희, 김지혜, 문정현. (2025). *Elementary school English teachers' guide 3*. 서울: 동아출판(주).

윤여범, 최현숙, 장효진, 김주희, 김지혜, 문정현. (2025). *Elementary school English teachers' guide 4*. 서울: 동아출판(주).

Hymes, D. (1972). On communicative competence. In J. B. Pride, & J. Holmes (Eds.), *Sociolinguistics: Selected readings* (pp. 269-293). Penguin.

Mehrabian, A., & Ferris, S. R. (1967). Inference of attitudes from nonverbal communication in two channels. *Journal of Consulting Psychology*, *31*(3), 248-252.

Mehrabian, A., & Wiener, M. (1967). Decoding of inconsistent communications. *Journal of Personality and Social Psychology*, *6*(1), 109-114.

Nazari, N. (2013). The effect of implicit and explicit grammar instruction on learners' achievements in receptive and productive modes. *Procedia-Social and Behavioral Sciences, 70,* 156-162.
https://doi.org/10.1016/j.sbspro.2013.01.051

[웹사이트]

동아(정은숙 외) Elementary school English 5 표지: 2025년 12월 7일, https://promotion.douclass.com/pc/school/details/elementary/english/english56에서 검색했음.

미래엔(강정진 외) Elementary school English 5 표지: 2025년 12월 7일, https://22txbook.m-teacher.co.kr/book/view.mrn?id=10016에서 검색했음.

비상(우길주 외) Elementary school English 5 표지: 2025년 12월 7일, https://text.vivasam.com/detail/92에서 검색했음.

시사(김혜리 외) Elementary school English 5 표지: 2025년 12월 7일, https://www.ybmcloud.com/prcenter/ybmtextbook?siteType=E에서 검색했음.

아이스크림(박유미 외) Elementary school English 5 표지: 2025년 12월 7일, https://text.i-scream.co.kr/user/introduce/introduceDetail.do?subject=english5&revisionYear=2022에서 검색했음.

천재(함순애 외) Elementary school English 5 표지: 2025년 12월 7일, https://text.tsherpa.co.kr/ele/book.html?bookcode=text-ele-english-ha-04에서 검색했음.

GOV・UK. (n.d.). Letters and sounds. 2025년 12월 7일, https://www.gov.uk/government/publications/letters-and-sounds에서 검색했음.
(Letters and sounds: Principles and practice of high quality phonics.
https://assets.publishing.service.gov.uk/media/5a7aa7b6e5274a34770e630c/Letters_and_Sounds_-_DFES-00281-2007.pdf)

[4장]

교육부. (2022). **2022 개정 영어과 교육과정** (교육부 고시 제2022-33호[별책 14]). 세종: 교육부.

길벗스쿨 편집부(편). (2020). **(이미지로 기억하는) 영어 단어 그림 사전**. 길벗스쿨.

김기수, 김병준, 김봉제, 박재원, 장유진, 정유진, 홍인기. (2020). **학부모의 공교육 신뢰 제고 방안**. 수원: 경기도교육연구원.

별똥별. (2024). **똑쟁 낱말 카드**. 저자.

알음. (2022). **그림으로 보는 낱말 사전 한글 영어 300**. 키움터.

옥스퍼드 편집부(편). (2014). **와이즈 픽처북 그림 사전**. 연두비.

이지영. (2022). **하루하루 첫 그림 영어 사전**. 랭귀지북스.

정은숙, 권민지, 서미옥, 김동연, 정효준, 장안숙, 김주원, 신유진, 송지아, 김명순, 이주은, 강수경, 허진영, 이승관. (2026). *Elementary school English 5*. 서울: 동아출판(주).

정은숙, 권민지, 서미옥, 김동연, 정효준, 장안숙, 김주원, 신유진, 송지아, 김명순, 이주은, 강수경, 허진영, 이승관. (2026). *Elementary school English 6*. 서울: 동아출판(주).

책봄. (2019). **스토리로 읽는 어린이 첫 그림 영어 사전**. 랭귀지북스.

Dr. Seuss. (1963). *Hop on pop*. Random House.

[웹사이트]

동아 초등 영어 3학년 디지털교과서: 2025년 12월 7일, https://ele.douclass.com/에서 검색했음.

동아 초등 영어 4학년 디지털교과서: 2025년 12월 7일, https://ele.douclass.com/에서 검색했음.

최재헌. (2010년 10월 5일). '청크' 외우면 콩글리시 뚝!. 서울신문. 2025년 12월 7일, https://www.seoul.co.kr/news/society/education-news/2010/10/05/20101005023005에서 검색했음.

파닉스빌더: 2025년 12월 7일, https://www.yes24.com/product/goods/2837945에서 검색했음.

AI · 디지털 교육자료 포털: 2025년 12월 7일,
https://www.aidtbook.kr/index.do에서 검색했음.
Minimal Pairs: 2025년 12월 7일,
https://englishphonetics.net에서 검색했음.

[5장]

Nation, I. S. P. (2013). *Learning vocabulary in another language*. Cambridge: Cambridge University Press.
Rivers, W. M. (1981). *Teaching foreign language skills*. Chicago: The University of Chicago Press.

[웹사이트]

Jack Hartmann Kids Music Channel [YouTube channel]: 2025년 11월 16일,
https://www.youtube.com/@JackHartmann/에서 검색했음.
Super Simple Songs–Kids Songs [YouTube channel]: 2025년 11월 16일,
https://www.youtube.com/@SuperSimpleSongs에서 검색했음.

[그림책 목록]

* Alphabatics
MacDonald, S. (1986). *Alphabatics.* Scholastic.
* Alphabet City
Johnson, S. T. (1995). *Alphabet city.* Puffin Books.
* Bear Hunt
Browne, A. (2010). *Bear hunt*. Puffin.
* Catwad
Benton, J. (2019). *Catwad 1: It's me.* Scholastic.
* Charlie and the Chocolate Factory
Dahl, R., & Balck, Q. (2007). *Charlie and the chocolate factory.* Puffin.
* Charlotte's Web

White, E. B. (2012). *Charlotte's web.* Harper Trophy.

* Don't Let the Pigeon Drive the Bus!

Willems, M. (2005). *Don't let the pigeon drive the bus!.* Walker Books.

* Dork Diaries 9

Renee, R. (2015). *Dork diaries 9: Tales from a not-so-dorky drama queen.* Aladdin Paperbacks.

* Eating the Alphabet

Ehlert, L. (1998). *Eating the alphabet: Fruits & vegetable from A to Z.* Voyager Books.

* Elephant & Piggie

Willems, M. (2018). *Elephant & Piggie: The complete collection.* Disney Press.

* Fantastic Mr. Fox

Dahl, R., & Balck, Q. (2007). *Fantastic Mr. Fox.* Puffin.

* Hop on Pop

Dr. Seuss. (1963). *Hop on pop.* Random House.

* James and the Giant Peach

Dahl, R., & Balck, Q. (2007). *James and the giant peach.* Puffin.

* Matilda

Dahl, R., & Balck, Q. (2007). *Matilda.* Puffin.

* Mr. Wolf's Class

Nels Steinke, A. (2018). *Mr. Wolf's class: A graphic novel: Mr. Wolf's class 1.* Graphix.

* My Dad

Browne, A. (2010). *My dad.* Corgi Books.

* My Mom

Browne, A. (2009). *My mom.* Square Fish.

* Nate the Great

Sharmat, M. W., & Simont, M. (1977). *Nate the great.* Random House.

* Piggybook

Browne, A. (1990). *Piggybook.* Dragonfly Books.

* Return of the Padawan

Browne, J. (2014). *Return of the Padawan: Star Wars Jedi Academy.* Scholastic.

* Robots

Grebenstein, C., Neufeld, J., & Neufeld, J. (2015). *House of robots.* Little Brown.

* See the Dog

Larochelle, D., & Wohnoutka, M. (2020). *See the dog: Three stories about a dog.* Candlewick Press.

* The Bad Guys 1

Blabey, A. (2016). *The bad guys 1: The bad guys.* Scholastic.

* The Magic Finger

Dahl, R., & Balck, Q. (2007). *The magic finger.* Puffin.

* The Very Hungry Caterpillar

Carle, E. (2002). *The very hungry caterpillar.* Puffin.

* Tomorrow's Alphabet

Shannon, G., & Crews, D. (1996). *Tomorrow's alphabet.* Mulerry books.

* Willy the Dreamer

Browne, A. (2008). *Willy the dreamer.* Walker Books.

* 169-Storey Treehouse

Andy Griffiths. (2023). *The 169-storey treehouse: Monkeys, mirrors, mayhem!.* Pan MacMillan.

저자 약력

이재근
(한국교원대학교 초등교육과 교수)

2007, 2009, 2015 개정 대교 초등 영어 교과서 집필 대표

김명순
(홍성교육지원청 장학사)

2022 개정 동아 초등 영어 5-6 교과서 집필
한국교원대학교 초등영어교육 석사

강수경
(청주 경산초등학교 교사)

2022 개정 동아 초등 영어 5-6 교과서 집필
한국교원대학교 초등영어교육 박사 수료

김주원
(성남 불곡초등학교 교사)

2015 개정 대교 초등 영어 교과서 집필
2022 개정 동아 초등 영어 5-6 교과서 집필
한국교원대학교 초등영어교육 석사

권민지
(전북특별자치도교육청 장학사)

2007, 2009, 2015 개정 대교 초등 영어 교과서 집필
2022 개정 동아 초등 영어 5-6 교과서 집필
한국교원대학교 초등영어교육 박사

서미옥
(대전 배울초등학교 교사)

2009, 2015 개정 대교 초등 영어 교과서 집필
2022 개정 동아 초등 영어 5-6 교과서 집필
한국교원대학교 초등영어교육 박사

김동연
(대구 대진초등학교 교사)

2009, 2015 개정 대교 초등 영어 교과서 집필
2022 개정 동아 초등 영어 5-6 교과서 집필
한국교원대학교 초등영어교육 박사

송지아
(성남 서당초등학교 교사)

2015 개정 대교 초등 영어 5-6 교과서 집필
2022 개정 동아 초등 영어 5-6 교과서 집필
한국교원대학교 초등영어교육 석사

신유진
(서울 경수초등학교 교사)

2015 개정 대교 초등 영어 5-6 교과서 집필
2022 개정 동아 초등 영어 5-6 교과서 집필
한국교원대학교 초등영어교육 석사

정은숙
(춘천교육대학교 영어교육과 교수)

2009, 2015 개정 대교 초등 영어 교과서 집필
2022 개정 동아 초등 영어 5-6 교과서 집필 대표

이승관
(횡성 안흥초등학교덕천분교장 교사)

2022 개정 동아 초등 영어 5-6 교과서 집필
한국교원대학교 초등영어교육 석사

정효준
(의정부교육지원청 장학사)

2015 개정 대교 초등 영어 교과서 집필
2022 개정 동아 초등 영어 5-6 교과서 집필
한국교원대학교 초등영어교육 박사

이주은
(서울 공항초등학교 교사)

2022 개정 동아 초등 영어 5-6 교과서 집필
한국교원대학교 초등영어교육 박사

허진영
(광주 첨단초등학교 교사)

2022 개정 동아 초등 영어 5-6 교과서 집필
한국교원대학교 초등영어교육 석사

장안숙
(충주 남산초등학교 교사)

2015 개정 대교 초등 영어 교과서 집필
2022 개정 동아 초등 영어 5-6 교과서 집필
한국교원대학교 초등영어교육 박사 수료

아이랑 부모랑 초등 영어

우리 아이 초등 영어 교육이 궁금한 부모님들을 위한 길잡이

2026년 1월 25일 1판 1쇄 인쇄
2026년 1월 30일 1판 1쇄 발행

저 자 : 이재근 강수경 권민지
김동연 김명순 김주원
서미옥 송지아 신유진
이승관 이주은 장안숙
정은숙 정효준 허진영

저자와의 협의하에 인지생략

발행자 : 한 정 주
발행처 : 교 육 과 학 사

경기도 파주시 광인사길 71
전화(031)955-6956~8 / 팩스(031)955-6037
Home-page: www.kyoyookbook.co.kr
E-mail: kyoyookbook@daum.net
등록: 1970년 5월 18일 제2-73호

낙장 · 파본은 교환해 드립니다.
Printed in Korea.

정가 15,000원
ISBN 978-89-254-1967-1